Grundwissen
Fälle
Karteikarten | **POCKET**

VÖLKERRECHT

Völkerrechtssubjekte

Quellen des Völkerrechts

Grundsätze des Völkerrechts

Staatenverantwortlichkeit

Menschenrechte/Humanitäres Völkerrecht

Völkerrecht und nationales Recht

Raum im Völkerrecht

Laura Arnolds
Viktor Kilinski
1. Auflage, Mai 2017

Frau **Laura Arnolds** hat an den Universitäten Konstanz, Oxford sowie Heidelberg studiert. An der University of Oxford studierte sie Völkerrecht, Europäische Menschenrechte und Europarecht und erhielt in diesen Fächern den Abschluss Diploma in Legal Studies mit Auszeichnung. Sodann schloss sie den Schwerpunkt Völkerrecht an der Universität Heidelberg mit Prädikatsnote ab. Ihre Kenntnisse im Europarecht konnte sie in ihrer Tätigkeit als wissenschaftliche Mitarbeiterin in einer internationalen Wirtschaftskanzlei im Bereich Kartellrecht einsetzen.

Herr **Viktor Kilinski** hat an der Ruprecht-Karls-Universität Heidelberg sein Studium und den Schwerpunkt im Völkerrecht mit Prädikatsnote abgeschlossen. An der Université de La Réunion in Frankreich studierte er Internationale Beziehungen und erlangte die Maîtrise en droit. Der Autor ist Alumnus der Friedrich-Ebert-Stiftung. Sein praktisches Wissen im Völkerrecht hat er durch Tätigkeiten für die deutsche Botschaft in Venezuela und das Max-Planck-Institut für ausländisches öffentliches Recht und Völkerrecht vertiefen können.

Autoren
Laura Arnolds
Viktor Kilinski

Verlag und Vertrieb
Jura Intensiv Verlags UG (haftungsbeschränkt) & Co. KG
Zeil 65
60313 Frankfurt am Main
info@verlag.jura-intensiv.de
www.verlag.jura-intensiv.de

Verlagslektoren
Dr. Dirk Kues, Ines Hickl

Konzept und Gestaltung
Stefanie Körner

Druck und Bindung
Copyline GmbH, Albrecht-Thaer-Straße 10, 48147 Münster

ISBN 978-3-946549-24-6

Dieses Skript oder Teile dieses Skriptes dürfen nicht vervielfältigt, in Datenbanken gespeichert oder in irgendeiner Form übertragen werden ohne die schriftliche Genehmigung des Verlages.

© Mai 2017 Jura Intensiv Verlags UG & Co. KG

VORWORT

Völkerrecht ist internationales öffentliches Recht, durch das Staaten seit Jahrhunderten ihre internationalen Beziehungen regeln. Insbesondere innerhalb der letzten 150 Jahre hat das Völkerrecht einen Wandel vollzogen und sowohl in der internationalen Politik als auch in den nationalen Rechtsordnungen – und damit in der juristischen Ausbildung – zunehmend an Bedeutung gewonnen. Nationale Rechtsordnungen sind in unserer globalisierten Welt miteinander verwoben. Daher ermöglicht erst der Blick über den „Tellerrand" des nationalen Rechts ein umfassendes und praxisgerechtes Verständnis des Rechts und des aktuellen weltpolitischen Geschehens.

Dieses Skript richtet sich insbesondere an Studierende der Rechtswissenschaften des Schwerpunkts Völkerrecht und interessierte Nebenfachstudierende. Um dem Leser neben dem schnellen Erlangen eines Grundverständnisses für das Völkerrecht auch zu erfolgreichen Klausuren im Schwerpunktbereich zu verhelfen, bietet dieses Skript folgende Vorteile:

- **Prüfungserfolg durch Falltraining**
  Die praktischen Fälle sollen dem Leser helfen, das Gelernte in der Prüfungssituation im Gutachtenstil ansprechend darzustellen.

- **Definitionen**
  Die wichtigen Definitionen befinden sich visuell hervorgehoben im Skript, in den Falllösungen und auf den Karteikarten, sodass durch stetige Wiederholung das Gelernte auch wirklich „hängenbleibt".

- **Klausurhinweise**
  Ebenfalls visuell hervorgehoben bieten Merkkästen dem Leser hilfreiche Tipps für das Verständnis des Skripts und in Prüfungssituationen.

- **Schnelle Wiederholung**
  Die Karteikarten eignen sich zur schnellen Wiederholung vor der Klausur oder mündlichen Prüfung.

Für Anregungen, Verbesserungsvorschläge und Kritik sind wir besonders dankbar. Sie erreichen uns im Internet unter **www.verlag.jura-intensiv.de** und per E-Mail über **info@verlag.jura-intensiv.de**. Die Autoren bedanken sich bei Herrn Dr. Kues für die Mithilfe und wünschen den Lesern eine erkenntnisreiche Lektüre und viel Erfolg in den Prüfungen.

Laura Arnolds   *Viktor Kilinski*

INHALT

VÖLKERRECHTSSUBJEKTE 1

1. Teil – Staaten   **2**

    1. Fall: Eine Insel mit zwei Schergen: Alles Meins   14
    Problemschwerpunkte: „Drei-Elemente-Lehre",
    genuine link   14

2. Teil – Internationale Organisationen   **18**

3. Teil – Spezielle Fälle - Völkerrechtssubjekte?   **25**

QUELLEN DES VÖLKERRECHTS 29

1. Teil – Völkerrechtliche Verträge, Art. 38 I lit. a) IGH-Statut   **29**

    2. Fall: Wo liegt Nemo?   39
    Problemschwerpunkte: Irrtum; Auslegung völkerrechtlicher
    Verträge   39

2. Teil – Völkergewohnheitsrecht, Art. 38 I lit. b) IGH-Statut   **46**

3. Teil – Besondere Rechtsquellen   **49**

VÖLKERRECHT UND NATIONALES RECHT 54

A. Völkerrechtsfreundlichkeit des Grundgesetzes   **54**

B. Verhältnis zwischen Völkerrecht und innerstaatlichem Recht   **56**

C. Geltungsgrund und Geltungsrang des Völkerrechts   **58**

D. Kompetenzen beim Abschluss völkerrechtlicher Verträge   **62**

RAUM IM VÖLKERRECHT 65

1. Teil – Das Staatsgebiet 65
2. Teil – Das Nichtstaatsgebiet 71

GRUNDSÄTZE DES VÖLKERRECHTS 76

1. Teil – Souveräne Gleichheit der Staaten 76
2. Teil – Das Gewaltverbot 78
3. Teil – Interventionsverbot 95
4. Teil – Staatenimmunität 96
5. Teil – Selbstbestimmungsrecht der Völker 103
6. Teil – Ius cogens/Verpflichtungen erga omnes 104
3. Fall: CheGuevara 105
Problemschwerpunkte: Klage vor dem IGH, Gewalt- und Interventionsverbot 105

STAATENVERANTWORTLICHKEIT 111

1. Teil – Voraussetzungen der Staatenverantwortlichkeit 113
2. Teil – Rechtsfolgen der Staatenverantwortlichkeit 120

DIE VEREINTEN NATIONEN 121

1. Teil – Die Ziele und Grundsätze der Vereinten Nationen 121
2. Teil – Mitgliedschaft in den Vereinten Nationen 122
3. Teil – Organe der Vereinten Nationen 123

MENSCHENRECHTE 129

1. Teil – Die drei Generationen von Menschenrechten 130
2. Teil – Mechanismen zur Überwachung der Menschenrechte 131
3. Teil – Universelle Menschenrechtsverträge 132

4. Teil – Regionale Menschenrechtsverträge **133**

    4. Fall: Vicky Leaks in Not   **143**
    Problemschwerpunkte: Eilrechtsschutz beim EGMR,
    drohende Todesstrafe bei Abschiebung, Recht auf Leben,
    Verbot der Folter   143

HUMANITÄRES VÖLKERRECHT   151

1. Teil – Die Haager Landkriegsordnung   **152**

2. Teil – Die Genfer Konventionen   **152**

3. Teil – Bewaffnete internationale Konflikte   **153**

4. Teil – Bewaffnete nicht-internationale Konflikte   **156**

5. Teil – Anpassung des humanitären Völkerrechts an den „Krieg gegen den Terror"?   **157**

VÖLKERRECHTSSUBJEKTE

> **DEFINITION**
> **Völkerrechtssubjekte** sind Träger von Rechten und Pflichten, deren Verhalten unmittelbar vom Völkerrecht geregelt wird.

Völkerrechtssubjekte

Kennzeichnend für sie sind vor allem Verhaltensweisen wie die Aufnahme diplomatischer Beziehungen und der Abschluss von Völkerrechtsverträgen sowie die Möglichkeit zur Klage vor internationalen Gerichten. Völkerrechtssubjekte sind vornehmlich Staaten und internationale Organisationen. Staaten sind schon ab ihrer Existenz als Staat Völkerrechtssubjekt. Man nennt sie daher auch „originäre" (geborene) Völkerrechtssubjekte. Auf der anderen Seite werden internationale Organisationen als „gekorene" Völkerrechtssubjekte bezeichnet, da sie von Staaten in diese Position erhoben werden.

Geborene Völkerrechtssubjekte

Gekorene Völkerrechtssubjekte

> **MERKSATZ**
> **Originäre** (geborene) **Völkerrechtssubjekte** = Staaten.
> **Gekorene Völkerrechtssubjekte** = internationale Organisationen.

Manche Völkerrechtssubjekte – insbesondere gekorene – besitzen nur relative Völkerrechtsfähigkeit und/oder partielle Völkerrechtssubjektivität.

> **DEFINITION**
> „**Relative" Völkerrechtsfähigkeit** meint, dass bestimmte Völkerrechtssubjekte gegenüber anderen Völkerrechtssubjekten nur dann Träger von völkerrechtlichen Rechten und Pflichten sind, soweit diese sie anerkannt haben.

Relative Völkerrechtsfähigkeit

BEISPIEL: Internationale Organisationen (mit Ausnahme der UN) haben gegenüber Drittstaaten nur den Status eines Völkerrechtssubjekts, soweit diese sie als solches anerkannt haben; Aufständische/Befreiungsorganisationen können unter Umständen gegenüber anderen Völkerrechtssubjekten Träger völkerrechtlicher Rechte und Pflichten werden, müssen dafür aber zuvor anerkennt werden (s.u. 1. Kapitel, 3. Teil, D.).

Partielle Völkerrechtssubjektivität

> **DEFINITION**
> „Partielle" Völkerrechtssubjektivität bedeutet, dass ein Völkerrechtssubjekt zwar Träger von völkerrechtlichen Rechten und Pflichten ist, aber nur aus Teilen des Völkerrechts.

BEISPIEL: Internationale Organisationen sind nur Träger von Rechten und Pflichten im Rahmen des Völkerrechts, soweit ihr Gründungsvertrag und ihr Organisationszweck reicht; das Internationale Komitee des Roten Kreuzes ist durch bestimmte Völkerrechtsverträge mit eigenen völkerrechtlichen Rechten und Pflichten ausgestattet, aber eben nur soweit diese Verträge reichen (s.u. 1. Kapitel, 3. Teil, C.); bei Individuen ist die Völkerrechtssubjektivität nur umstritten, soweit es um die Berufung auf Menschenrechte geht (s.u. 1. Kapitel, 3. Teil, E.).

1. Teil – Staaten

A. Staatsdefinition

Art. 1 Montevideo-Konvention und „Drei-Elemente-Lehre"

Nach Art. 1 Montevideo-Konvention, der auf die **„Drei-Elemente-Lehre"** von Georg Jellinek zurückzuführen ist, existiert ein Staat ab der Erfüllung gewisser Kriterien: Er muss ein dauerhaftes Staatsvolk, ein definiertes Staatsgebiet und Staatsgewalt aufweisen und die Fähigkeit haben in Beziehungen zu anderen zu treten.

I. DAUERHAFTES STAATSVOLK

Staatsvolk

> **DEFINITION**
> Das **Staatsvolk** ist ein auf Dauer angelegter Verbund von Menschen, über den ein Staat Hoheitsgewalt innehat.

Für die Existenz eines Staatsvolkes ist die Anzahl der Bürger grundsätzlich irrelevant.

BEISPIEL: Der Inselstaat Nauru hat nur etwa 10.000 Einwohner.

Das Staatsvolk bestimmt sich auch nicht anhand ethnischer Zugehörigkeit oder ähnlichen Kriterien, sondern ausschließlich anhand der Staatsangehörigkeit, also nach nationalen Regelungen. Hierbei gibt es grundsätzlich zwei Prinzipien, und zwar „ius soli" und „ius sanguinis".

> **DEFINITION**
> **Ius soli** = eine Person erlangt die Staatsangehörigkeit eines Staates, wenn sie auf seinem Staatsgebiet geboren wurde.
>
> **Ius sanguinis** = Abstammungsprinzip, d.h. ein Kind hat die gleiche Staatsangehörigkeit wie die Eltern.

Ius soli

Ius sanguinis

Viele Staaten verwenden heutzutage eine Kombination beider Möglichkeiten.

BEISPIEL: Die deutsche Staatsangehörigkeit kann sowohl im Sinne des Prinzips ius soli als auch im Sinne von ius sanguinis erlangt werden (vgl. insbes. § 4 I, III StAG).

Sehr wichtig in diesem Zusammenhang ist die Entscheidung des Internationalen Gerichtshofs (im Folgenden: IGH) im Fall „Nottebohm" (1955), in der der IGH eine weitere völkerrechtliche Voraussetzung aufstellte. Der Deutsche Friedrich Nottebohm wanderte 1905 nach Guatemala aus und wurde dort während des Zweiten Weltkriegs enteignet. Er hatte sich schon zuvor die Staatsangehörigkeit Liechtensteins verschafft, indem er eine hohe Geldsumme bot, um der dort geltenden gesetzlichen Aufnahmevoraussetzung eines dreijährigen Wohnsitzes in Liechtenstein zu entgehen. Liechtenstein gab dem Antrag statt. Nach Nottebohms Enteignung klagte Liechtenstein vor dem IGH gegen Guatemala und machte diplomatischen Schutz geltend. Der IGH entschied in diesem Fall, dass nicht alles, was auf nationaler Ebene als Staatsangehörigkeit gilt, allein deshalb auch auf internationaler Ebene als solche gelte. Vielmehr sei im Völkerrecht ein „genuine link" erforderlich. Dies sei eine Bindung der Bevölkerung an den Staat in kultureller, sozialer, sprachlicher oder ähnlicher Weise. Nur bei Vorliegen eines solchen „genuine link" sei ein Staat zur Geltendmachung diplomatischen Schutzes berechtigt. Der „genuine link" bestünde vorliegend aber gerade zu Guatemala und nicht zu Liechtenstein, weshalb die Klage keinen Erfolg haben könne.

Wichtige IGH-Entscheidung: „Nottebohm-Fall"

> **MERKSATZ**
> Völkerrechtlich setzt die Staatsangehörigkeit einen „genuine link" voraus, d.h. eine Bindung der Bevölkerung an den Staat in kultureller, sozialer, sprachlicher oder ähnlicher Weise.

II. DEFINIERTES STAATSGEBIET

Staatsgebiet

> **DEFINITION**
> Das **Staatsgebiet** ist eine bestimmte territoriale Basis, auf der eine Staatsgewalt operieren kann und die aus einer natürlichen Oberfläche besteht.

Für die Grenzen und den Umfang des Staatsgebiets sind die Regelungen zum Raum im Völkerrecht (s. dazu unten 4. Kapitel) maßgeblich. Allerdings besteht für die Definition als Staat grundsätzlich keine Notwendigkeit für beständige und definierte Grenzen.

BEISPIELE: Israel ist von der Mehrheit der Mitgliedstaaten der Vereinten Nationen (eng. United Nations, im Folgenden: UN) als Staat anerkannt, obwohl es noch immer keine beständigen, definierten Grenzen aufweist. Auch der Vatikan ist trotz seiner geringen Gebietsgröße als Kirchenstaat anerkannt.

Erwerb und Verlust von Staatsgebiet:

Es gibt verschiedene Möglichkeiten, wie Staatsgebiet erworben oder verloren werden kann.

Okkupation

Da wäre zunächst die **Okkupation**, was die Inbesitznahme staatenlosen Gebiets meint und daher heutzutage so gut wie nie vorkommt.

Annexion

Weiterhin gibt es die **Annexion**, also die gewaltsame Übernahme. Sie ist rechtswidrig und kann daher grundsätzlich nicht zum Souveränitätsübergang führen. Drittens kann ein Gebiet über sehr lange Zeit in dem Glauben besessen werden, es sei das eigene Staatsgebiet. Um bei einer solchen **Ersitzung** den Souveränitätsübergang zu vermeiden, muss der berechtigte Staat dauerhaft widersprechen. Viertens kann ein Gebiet aufgegeben (**Dereliktion**) oder vertraglich abgetreten (**Zession**) werden.

Ersitzung

Dereliktion
Zession

Dismembration
Sezession
Fusion

Staatsgebiete können hingegen auch zerfallen (**Dismembration**), sich spalten (**Sezession**) oder miteinander verschmelzen (**Fusion**).

Akkretion

In seltenen Fällen kann Staatsgebiet auch anwachsen (**Akkretion**), beispielsweise durch das Aufschütten von Sandbänken. Schließlich kann Staatsgebiet auch per Gerichtsurteil zugewiesen werden (**Adjudikation**).

Adjudikation

III. STAATSGEWALT

DEFINITION
Die **Staatsgewalt** meint die effektive Ausübung von hoheitlicher Kontrolle über das Staatsgebiet und das Staatsvolk durch eine Regierung.

Staatsgewalt

Nicht jedem Territorium, auf dem ein Staatsvolk lebt, wird sogleich auch eine Staatsgewalt und damit Völkerrechtssubjektivität bescheinigt. Im Gegenteil wird die Staatsgewalt nur äußerst selten von anderen Staaten anerkannt (zur Anerkennung s. sogleich unten).

Anerkennung eines Staates

BEISPIEL: Kosovo: Obwohl viele Mitgliedstaaten der Vereinten Nationen das Kosovo inzwischen als Staat – und damit auch seine Staatsgewalt – anerkannt haben, steht damit nicht fest, ob es tatsächlich ein Staat ist. Von vielen Staaten wird nämlich eine effektive Ausübung von hoheitlicher Kontrolle über das Gebiet des Kosovo und die darin befindliche Bevölkerung bezweifelt. Dies liegt vor allem daran, dass Serbien es noch immer als UN-regiertes Gebiet innerhalb seines eigenen Territoriums ansieht. Zuletzt bat Serbien durch die UN-Generalversammlung den IGH um eine Stellungnahme hinsichtlich der Frage, ob die Unabhängigkeitserklärung des Kosovo im Jahr 2008 gegen das Völkerrecht verstoße. Der IGH jedoch stellte im Jahr 2010 keinen solchen Verstoß fest, da das Völkerrecht kein Verbot einer Unabhängigkeitserklärung beinhalte. Damit blieb der Status des Kosovo weiterhin unsicher.

Die Feststellung einer Staatsgewalt ist also meist äußerst schwierig. Ist sie hingegen erst einmal festgestellt worden, kommt ein Entfallen der Staatsgewalt äußerst selten vor. Grundsätzlich wird sie – wenn einmal vorhanden – nicht mehr in Frage gestellt, sog. **Kontinuitätsvermutung**. In seltenen Fällen kommt es zum Staatenuntergang oder zur Staatennachfolge (s. sogleich unten).

Kontinuitätsvermutung

IV. FÄHIGKEIT IN BEZIEHUNGEN ZU ANDEREN STAATEN ZU TRETEN

Als weiteres Kriterium eines Staates nennt Art. 1 Montevideo-Konvention die Fähigkeit in Beziehung zu anderen Staaten zu treten. Damit gemeint ist die sowohl tatsächliche als auch rechtliche Unabhängigkeit eines Staates, gemessen an seiner Fähigkeit völkerrechtliche Regeln eigenständig zu beachten und durchzusetzen. Dieses Kriterium des Art. 1

Keine Tatbestandsvoraussetzung, sondern Rechtsfolge

Montevideo-Konvention wird eher als Rechtsfolge denn als Tatbestandsmerkmal aufgefasst. Nichtsdestotrotz kann die Feststellung einer solchen Unabhängigkeit im Einzelfall durchaus schwierig sein.

BEISPIEL: Bestimmte Teile der Pflege von Liechtensteins außenpolitischen Beziehungen werden von der Schweiz wahrgenommen. Nichtsdestotrotz ist Liechtenstein ein sowohl tatsächlich als auch rechtlich unabhängiger Staat, nur hat er eben freiwillig einen Teil seiner Souveränität abgegeben, den er jederzeit wieder an sich ziehen kann.

> **KLAUSURHINWEIS**
> In einer Klausur ist daher vor allem zu prüfen, ob ein Staat seine Unabhängigkeit so sehr eingebüßt hat, dass er bloß als „Marionette" eines anderen Staates erscheint, und daher gerade nicht die Fähigkeit hat, selbst in Beziehungen zu anderen zu treten.

B. Entstehung, Nachfolge und Untergang von Staaten

Bei der Prüfung von Entstehung, Nachfolge oder Untergang von Staaten müssen gewisse Gesichtspunkte ausgeklammert werden, die meist im Hauptaugenmerk der Öffentlichkeit liegen, wenn eine Extremsituation – bspw. einer Revolution oder eines Bürgerkriegs – auftritt. Insbesondere sind dies die Fragen, (i) ob das Vorgehen gewisser Parteien nach dem bisher national geltenden Recht „legal" ist, also ob sich die neue Regierung ihre Staatsgewalt „legitim" verschafft hat, oder (ii) ob die neu entstandene Verfassung bestimmten Standards (meist Menschenrechtsstandards) entspricht und, falls nein, (iii) ob sie überhaupt Geltung erlangt hat. Solche Fragen werden gern in einem Klausurfall angesprochen, sind jedoch völlig unabhängig von der völkerrechtlichen Frage zu beurteilen, ob ein Staat entsteht, ihm nachgefolgt wird oder er untergeht. Erstens gilt das Völkerrecht nur zwischen Völkerrechtssubjekten; die oben genannten Fragen sind aber Problemfelder im Verhältnis zwischen Staat und Bürger, zwischen Regierung und Opposition oder zwischen Verfassungsorganen. Da das Staatsvolk und innerstaatliche Organe eben keine Völkerrechtssubjekte sind, sind solche Fragen für das Völkerrecht irrelevant. Zudem ist Sinn und Zweck des Völkerrechts vor allen Dingen die Erhaltung des internationalen Rechtsfriedens. Kein Staat kann sich daher über den anderen stellen und Legitimität oder Legalität von dessen Verfassung oder Staatsgewalt geringschätzig bewerten. Es gilt stattdessen der Grundsatz der völkerrechtlichen Gleichheit aller Staaten.

> **MERKSATZ**
> Ein Staat entsteht allein dadurch, dass er die Kriterien des Art. 1 Montevideo-Konvention erfüllt.

Zudem kommt es in seltenen Ausnahmefällen zu einem Staatenuntergang oder einer Staatennachfolge, die allerdings in Prüfungen ebenso selten vorkommen wie in der Realität. Zwar wechseln Regierungen häufig, dies allein führt jedoch weder zum Staatenuntergang noch zur Staatennachfolge. Diese Fälle kommen nur dann vor, wenn ein Staat sich mit einem anderen verbindet, wenn sich ein Staat in zwei Staaten aufspaltet (Dismembration) oder wenn ein Staat das vollständige Gebiet eines anderen Staates annektiert.

Staatenuntergang und Staatennachfolge

Verbindung, Dismembration oder vollständige Annektion

BEISPIEL: Aufspaltung des Deutschen Reiches in die Bundesrepublik Deutschland und die Deutsche Demokratische Republik nach dem Ende des Zweiten Weltkrieges.

C. Anerkennung

Selbst wenn alle Kriterien des Art. 1 Montevideo-Konvention vorliegen und ein Staat somit im Grunde tatsächlich vorhanden ist, kann er dadurch nicht automatisch als Völkerrechtssubjekt handeln. Er kann erst dann diplomatische Beziehungen aufnehmen und Völkerrechtsverträge abschließen, wenn andere Völkerrechtssubjekte ihn als Staat behandeln, ihn somit als Staat anerkennen. Rechtlich und politisch höchst relevant ist daher neben den vier Kriterien nach Art. 1 Montevideo-Konvention die Anerkennung.

> **DEFINITION**
> Die **Anerkennung** ist eine einseitige Willenserklärung eines Völkerrechtssubjekts, dass ein bestimmter Tatbestand, eine bestimmte Rechtslage oder ein bestimmter Anspruch als rechtmäßig erachtet wird.

Anerkennung

Im neunzehnten Jahrhundert wurde die Anerkennung konstitutiv für das Bestehen einer Staatsgewalt angesehen. Heute hat sie nach h.M. zwar eine bloß deklaratorische Funktion. Jedoch gilt auch heute, dass ein Staat – ohne die Feststellung durch andere Staaten, dass er als Staat bestehe – eben nicht vollumfänglich in Beziehungen zu anderen Völkerrechtssubjekten

Nicht konstitutiv, aber starkes Indiz für Staatsqualität

treten kann. Die Anerkennung hat insoweit zumindest einen starken Einfluss auf den Bestand der vier Kriterien des Art. 1 Montevideo-Konvention. Ist das Vorliegen dieser vier Kriterien umstritten, kann die Anerkennung als Staat unter Umständen sogar als Ausgleich für das Fehlen von einzelnen Kriterien (z.B. einer übergangsweise mäßig ausführbaren Staatsgewalt) fungieren.

> **MERKSATZ**
> Die Anerkennung ist zwar nicht konstitutiv für die Existenz eines Staates, hat aber eine starke **Indizwirkung**.

Es gibt weder eine Pflicht zur, noch einen Anspruch auf Anerkennung. Völkerrechtssubjekte sind bezüglich der Abgabe der Willenserklärung somit frei. Da die Anerkennung allerdings der Rechtssicherheit und dem Rechtsfrieden im Bereich des Völkerrechts dient, ist sie grundsätzlich unwiderruflich. Ausnahmen sind nur in seltenen Extremfällen möglich.

> **MERKSATZ**
> Keine Pflicht zur, kein Anspruch auf Anerkennung. Wenn sie jedoch erfolgt ist, dann grundsätzlich unwiderruflich.

I. ANERKENNUNG VON STAATEN UND REGIERUNGEN

Anerkannt werden Staaten und deren Regierungen. Eine Anerkennung kann dabei jeweils de facto oder de jure erfolgen. Im ersten Fall hat der Anerkennende noch immer Zweifel bezüglich der Beständigkeit der Regierung oder des Staates. Häufig werden daher nur konsularische oder handelspolitische Kontakte aufgenommen, um die weitere Entwicklung abzuwarten. Eine de jure-Anerkennung hingegen meint die endgültige Akzeptanz, dass das Völkerrechtssubjekt tatsächlich besteht bzw. dass die Regierung dauerhaft und fest verwurzelt ist. Gekennzeichnet ist diese Art der Anerkennung häufig durch den Aufbau tatsächlicher diplomatischer Beziehungen.

Anerkennung de facto

Anerkennung de jure

1. Anerkennung von Staaten

Wird ein Staat anerkannt, wird damit seine Völkerrechtssubjektivität als rechtmäßig erachtet. Eine M.M. will daher der Anerkennung als Staat unter Gesichtspunkten der Rechtssicherheit und -klarheit eine konstitutive

Wirkung zukommen lassen. Jedoch ist ein nicht anerkannter Staat nach allgemeiner Ansicht (mit Ausnahmen) nicht an Völkerrechtpflichten gebunden (z.B. an das Gewaltverbot oder Interventionsverbot). Außerdem gibt es eine umfassende und langjährige Staatenpraxis, die gegen eine konstitutive Wirkung der Anerkennung spricht.

BEISPIEL: Nach dem Ende des Ersten Weltkrieges wurden die neu gegründeten europäischen Staaten durch ihre nationalen Gerichte so behandelt, als seien sie allein durch die Erklärung ihrer Unabhängigkeit souveräne Völkerrechtssubjekte, ohne dass eine Anerkennung durch andere Staaten nötig wäre. Dies wurde auch weltweit akzeptiert, ohne dass eine offizielle Anerkennung ausgesprochen wurde.

MERKSATZ
Nochmal: Die Anerkennung ist **nicht konstitutiv** für die Existenz eines Staates.

2. Anerkennung von Regierungen

DEFINITION
Die **Anerkennung einer Regierung** meint die Erklärung, dass die neue Regierung die völkerrechtlich legitimierte Vertreterin des von ihr vertretenen Völkerrechtssubjekts darstellt.

Anerkennung von Regierungen

Nach allgemeiner Staatenpraxis sind dazu drei Voraussetzungen zu erfüllen. Erstens muss die neue Regierung die tatsächliche Herrschaft über das Territorium und den Verwaltungsapparat besitzen. Zweitens darf kein erheblicher Widerstand gegen die neue Regierungsgewalt bestehen. Drittens muss die neue Regierung von einem nennenswerten Teil der Bevölkerung getragen werden. Hierbei ist irrelevant, ob die Bevölkerung die Regierung aus freiem Willen oder nur aus Furcht oder ähnlichem unterstützt.

Voraussetzungen:
1. Tatsächliche Herrschaft
2. Kein erheblicher Widerstand
3. Getragen von Bevölkerung

Ein Sonderfall sind die sog. **Gegenregierungen**. Hier bildet sich auf einem Staatsgebiet eine neue Regierung, meistens in einer Bürgerkriegssituation. Beide Regierungen sind dann innerhalb desselben Territoriums als Regierung aktiv. In einem solchen Fall wird häufig die neue Regierung

Sonderfall: Gegenregierung

de facto anerkannt, während die Alte **de jure** anerkannt bleibt. Somit entsteht die bizarre Situation, dass grundsätzlich zwei Regierungen für die Kontrolle desselben Territoriums anerkannt sind. Fraglich ist somit, wer wie zu handeln berechtigt ist, und insbesondere, wer die Kompetenz hat Hoheitsakte zu erlassen. Nach allgemeiner Meinung kann grundsätzlich jede Regierung in dem tatsächlich von ihr beherrschten Gebiet Hoheitsakte erlassen, die der anerkennende Staat als solche akzeptieren muss. Kompetenzen für das Gesamtgebiet, also insbesondere die Repräsentanz des Staates gegenüber anderen Staaten, hat jedoch nur die **de jure**-Regierung als endgültig anerkannte Repräsentantin.

> **MERKSATZ**
> Regierung und Gegenregierung üben in ihrem jeweiligen Hoheitsgebiet die Staatsgewalt aus. Repräsentation des Gesamtstaates erfolgt aber nur durch die de jure-Regierung.

Sonderfall: Exilregierung

Ein damit eng verwandter Sonderfall sind die sog. Exilregierungen. Auch hier hat sich auf einem Staatsgebiet eine Gegenregierung gebildet. Diese hat aber die alte Regierung so bedrängt, dass diese ins Exil geflüchtet ist. Problematisch auch an dieser Situation ist, dass die alte Regierung meistens noch immer **de jure** als Regierung anerkannt ist und sich somit grundsätzlich dieselbe Frage stellt wie im Falle von zwei Regierungen, die in einem Staatsgebiet aktiv sind und die ebenso zu beantworten ist. Daneben aber stellt sich das Problem, dass die Exilregierung das Erfordernis einer effektiven Kontrolle über das Territorium nicht erfüllen kann. Nach h.M. wird in einer solchen Situation diese Voraussetzung durch das Erfordernis ersetzt, ernsthaft zu versuchen die effektive Herrschaftsgewalt über das fragliche Gebiet zurückzuerlangen. Wichtig in diesem Zusammenhang ist die Ernsthaftigkeit des Versuchs. Sobald die Gegenregierung im eigenen Staat gefestigt ist, können solche Versuche nämlich nicht mehr als ernsthaft betrachtet werden, womit die alte Regierung nicht mehr als Regierung anerkennungsfähig ist.

> **MERKSATZ**
> Eine Exilregierung ist solange noch als Regierung anerkannt, wie sie ernsthaft versucht, die effektive Herrschaftsgewalt zurückzuerlangen.

II. FORMEN DER ANERKENNUNG

Die Anerkennung kann durch ein einzelnes Völkerrechtssubjekt erfolgen oder als Kollektivanerkennung. Eine Anerkennung kann zudem nur unter Bedingungen abgegeben werden. Die Abgabe einer solchen Willenserklärung ist nur dann eine Anerkennung im Sinne des Völkerrechts, wenn die Bedingungen nachträglich erfüllt werden.

Einzel- und Kollektivanerkennung

Bedingte Anerkennung

BEISPIEL: Ein Staat gibt öffentlich bekannt, er werde ein Gebilde als Staat unter der Bedingung anerkennen, dass es noch am morgigen Tag diplomatische Beziehungen mit ihm aufnähme.

In der Realität erfolgt eine solche Anerkennung jedoch äußerst selten, weil es sich dabei um eine sog. **vorzeitige Anerkennung** handeln könnte, die wegen Verstoßes gegen das Interventionsverbot (gegenüber dem „alten" Staat) als völkerrechtswidrig angesehen würde.

> **DEFINITION**
> **Vorzeitig abgegeben** ist eine **Anerkennung**, wenn sie vor dem Zeitpunkt erfolgt, an dem eine Staatsgewalt zwar noch nicht vollständig gefestigt ist, aber bereits maßgebend ausgeführt wird.

Vorzeitige Anerkennung

Da dieser Zeitpunkt äußerst schwierig festzustellen ist, scheuen Staaten bedingte Anerkennungen. Allerdings ist diese Art der Anerkennung strikt von dem Fall zu unterscheiden, dass die Abgabe der Willenserklärung selbst von Voraussetzungen und Vorbedingungen abhängig gemacht wird.

Abgrenzung bedingte Anerkennung ←→ Vorbedingungen für eine Anerkennung

BEISPIEL: Die Erklärung des Rats der EG vom 16.10.1991 über Leitlinien für die Anerkennung neuer Staaten in Osteuropa und in der Sowjetunion.

Erfolgt die Anerkennung eines Gebietes als Staat vorzeitig, also vor dem Vorliegen der Staatsmerkmale, stellt sie eine Intervention in die inneren Angelegenheiten des Staates dar und ist somit völkerrechtswidrig. Nichtsdestotrotz kommt eine vorzeitige Anerkennung relativ häufig vor.

Unzulässige Intervention

Grundsätzlich möglich ist auch eine stillschweigende Anerkennung.

Stillschweigende Anerkennung

BEISPIEL: Die positive Stimmabgabe eines Mitgliedsstaates einer internationalen Organisation über die Zulassung eines neuen Mitgliedstaates in diese Organisation wird typischerweise als stillschweigende Anerkennung angesehen.

Restriktive Handhabung

Diese Möglichkeit ist jedoch restriktiv zu handhaben, da die Willenserklärung angesichts ihrer Unwiderruflichkeit für den Anerkennenden rechtsverbindlich ist. Somit wird nach h.M. die bloße Mitgliedschaft eines Staates in einer internationalen Organisation nicht als Anerkennung aller Mitglieder dieser Organisation angesehen. Dies würde zudem die Arbeit von internationalen Organisationen insgesamt erschweren und somit die Friedenssicherung gefährden, der das Vorhandensein solcher Organisationen gerade dient.

BEISPIEL: Die Mitgliedschaft des Irans in der UN wird nicht als Anerkennung Israels als Staat angesehen.

MERKSATZ
Eine **stillschweigende Anerkennung** stellt die Ausnahme dar.

D. Sonderfälle von Staaten
Es existieren gewisse Besonderheiten bei bestimmten Arten von Staaten.

I. NEUTRALE STAATEN

Neutrale Staaten

DEFINITION
Neutrale Staaten sind völkerrechtlich dazu verpflichtet, nicht in Kriege einzugreifen bzw. Konfliktparteien nur gleichmäßig zu unterstützen.

Eine solche Pflicht entsteht durch eine eigene Entscheidung des Staates oder durch eine Entscheidung eines anderen Staates. Die Besonderheit neutraler Staaten ist, dass durch eigene oder fremde Entscheidung ein Teil der eigenen Souveränität – nämlich das Recht Kriege zu führen – weggefallen ist.

BEISPIEL: Schweiz

II. GLIEDSTAATEN

DEFINITION
Gliedstaaten sind Teile eines Bundesstaates.

Gliedstaaten

Voraussetzung für das Vorliegen eines Bundesstaates ist, dass föderale Organe die effektive Macht über die Gliedstaaten ausüben. Gliedstaaten sind nur dann international handlungsfähig, wenn die Verfassung des Bundesstaates ihnen dies zugesteht und wenn der Bund zustimmt.

BEISPIEL: Art. 20 I, 32 GG.

Weiterhin sind die Gliedstaaten nur dann völkerrechtlich verantwortlich, wenn dies vom Bund geregelt wurde. Der Bund hingegen ist nach Auffassung des IGH (LaGrand-Fall (2001)) für die Handlungen der Gliedstaaten in jedem Fall völkerrechtlich verantwortlich.

III. KOLONIE

DEFINITION
Kolonie ist ein Gebiet, das von einem anderen Staat regiert wurde, mit dem dieser keine gemeinsame Grenze hatte.

Kolonie

Nach dem Ende des Ersten Weltkrieges wurde bestimmten Mitgliedern des Völkerbundes das Mandat für die früheren deutschen Kolonien (und auch für bestimmte Teile des ehemaligen Osmanischen Reiches) übertragen (sog. **Mandatsgebiete**). Das „Mandat" wurde als eine Art Vormundschaft verstanden, also einer Wahrnehmung der sowohl innerstaatlichen als auch außenpolitischen Interessen des jeweiligen Gebiets. Nach dem Ende des Zweiten Weltkrieges und der Auflösung des Völkerbundes wurden diese Mandatsgebiete sowie die früheren italienischen Kolonien von der UN an einzelne ihrer Mitglieder zur treuhänderischen Verwaltung überlassen (sog. **Treuhandgebiete**), bis diese in die Unabhängigkeit entlassen werden konnten. Überwacht wurde dieser Vorgang vom UN-Treuhandrat bis zu dessen Auflösung im Jahr 1994, als das Letzte der Treuhandgebiete unabhängig wurde – dabei handelte es sich um den Inselstaat Palau, der zuvor auch Mandatsgebiet gewesen war.

IV. KONDOMINIUM

Kondominium

> **DEFINITION**
> **Kondominium** sind Gebiete, die zwei oder mehreren Staaten gemeinsam zugewiesen sind und von ihnen gemeinsam beherrscht werden.

BEISPIEL: Die Flüsse Our, Sauer und Mosel auf den Strecken, auf denen sie die Grenze zwischen Deutschland und Luxemburg darstellen.

V. KOIMPERIUM

Koimperium

> **DEFINITION**
> **Koimperium** meint ein Gebiet, das zwar nicht mehreren Staaten ausdrücklich zugewiesen ist, von ihnen aber rein tatsächlich beherrscht wird.

VI. INTERNATIONALISIERUNG

Internationalisierung

> **DEFINITION**
> Eine **Internationalisierung** zeichnet sich dadurch aus, dass ein Gebiet der internationalen Staatengemeinschaft oder einer internationalen Organisation zugewiesen und von ihr beherrscht wird.

BEISPIEL: Der Rhein ist internationalisiert.

SACHVERHALT

1. FALL: EINE INSEL MIT ZWEI SCHERGEN: ALLES MEINS
Problemschwerpunkte: „Drei-Elemente-Lehre", genuine link

Der Freigeist und Milliardär Mark Pfennigfuchser (P) ist der festen Überzeugung, dass die Steuersätze der Bundesrepublik Deutschland zu hoch sind und er daher nicht genug für seine luxuriös auszugestaltende Altersvorsorge ansparen kann. Als er schließlich vom Amtsgericht München wegen Steuerhinterziehung zu einer Freiheitsstrafe von dreieinhalb Jahren verurteilt wird, beschließt er Deutschland nach der Verbüßung seiner Haftstrafe zu verlassen. Noch in der Haftanstalt findet er zwei

Gleichgesinnte – Hannes Habnix (H) und Kevin Kannix (K) – und verspricht den beiden aus Freude über die neue Freundschaft, dass sie „ausgesorgt" hätten, wenn sie sich ihm anschlössen. Die beiden sind hellauf begeistert. Die Strafanstalt kaum verlassen, erwirbt P von einem alten Freund eine vor kurzem stillgelegte Ölplattform, die sich einige Kilometer vor dem deutschen Festland auf hoher See in der Nordsee befindet. P, H und K ziehen sogleich mit ihren drei Ehefrauen und all ihrem Hab und Gut auf diese Ölplattform und proklamieren öffentlich den Staat „Freies Fürstentum Alles Meins". P ernennt sich selbst zum Fürsten und jeweils einen seiner beiden Schergen zum Innen- und zum Außenminister. Die drei Ehefrauen bitten den P keine solchen Stellungen zu erhalten. Sie sind von der Idee der Ölbohrinsel ohnehin nicht gerade begeistert und beabsichtigen, die meiste Zeit an der deutschen Küste und im Fürstentum nur die Nächte zu verbringen. Von P erhalten sie nichtsdestotrotz offiziell „Bürgerrechte". In der ersten Woche der Amtszeit beginnen P und der Innenminister H sofort mit der Entwicklung der eigenen Währung „My-Dollar" sowie eines Passwesens. Außenminister K schreibt zeitgleich einen Brief an die deutsche Bundeskanzlerin und möchte mit ihr in diplomatische Beziehungen eintreten.

Die Bundeskanzlerin bittet Sie um ein kurzes Rechtsgutachten zu der Frage, ob durch diese Vorgänge ein Staat im Sinne des Völkerrechts entstanden ist.

LÖSUNG

Das „Freie Fürstentum Alles Meins" ist im Sinne des Völkerrechts ein Staat, wenn es die drei Kriterien des Art. 1 Montevideo-Konvention erfüllt, der auf die **„Drei-Elemente-Lehre"** von Georg Jellinek zurückzuführen ist. Dies sind ein dauerhaftes Staatsvolk, ein definiertes Staatsgebiet und eine Staatsgewalt.

„Drei-Elemente-Lehre"

A. Dauerhaftes Staatsvolk
P, H, K und ihre drei Ehefrauen müssen ein dauerhaftes Staatsvolk sein.

DEFINITION
Ein dauerhaftes **Staatsvolk** zeichnet sich dadurch aus, dass es einen auf Dauer angelegten Verbund von Menschen darstellt, über den ein Staat Hoheitsgewalt innehat.

Staatsvolk

Zwar ist die Anzahl der Staatsbürger grundsätzlich für das Kriterium des Staatsvolkes irrelevant. Auch werden alle sechs aufgezählten Personen offensichtlich als Staatsbürger des „Freien Fürstentums Alles Meins" behandelt; insbesondere hat P den drei Ehefrauen ausdrücklich „Bürgerrechte" verschafft und plant ein Passwesen. Nichtsdestotrotz erscheint es fraglich, ob dies ausreicht, um einen auf Dauer angelegten Verbund von Menschen darzustellen. Schon der IGH hat in seiner Nottebohm-Entscheidung erklärt, dass im Rahmen des Völkerrechts zusätzlich zu einer nationalstaatlichen Regelung der Staatsangehörigkeit ein sog. **„genuine link"** zu dem Staat erforderlich sei, dem der angebliche Staatsbürger angehöre. Dies sei eine Bindung der Bevölkerung an den Staat in kultureller, sozialer, sprachlicher oder ähnlicher Weise. Gemeint ist damit, dass ein Staatsvolk nicht aus einer lose zusammenhängenden Menge von Menschen besteht, sondern dass es den staatlichen Lebensalltag gemeinsam und gemeinschaftlich bewältigt. Es muss also eine eindeutige und starke Verbindung zwischen dem Leben des Staatsangehörigen und dem Staat bestehen, um einen dauerhaften Verbund aller sich im Staat befindlichen Menschen annehmen zu können.

Vorliegend handelte P offensichtlich allein wegen steuerlicher Vorteile. H und K haben das Leben auf der Ölplattform nur deshalb gewählt, weil P ihnen versprach in diesem Fall „ausgesorgt" zu haben. Der Zweck des Aufenthalts dieser drei Personen auf der Ölplattform ist daher rein wirtschaftlicher Natur. Unzweifelhaft haben sie dieses Leben nicht gewählt, um einen gemeinsamen staatlichen Lebensalltag zu führen und sind sich daher nicht wie ein Staatsvolk verbunden. Die drei Ehefrauen hingegen waren schon allein von der Idee der Ölplattform nicht begeistert und empfinden diese offensichtlich als so unzumutbar, dass sie nur ihre Nächte dort zu verbringen gedenken.

Insgesamt befindet sich im „Freien Fürstentum Alles Meins" daher kein dauerhaftes Staatsvolk.

> **KLAUSURHINWEIS**
> Hier zeigt sich exemplarisch, was in einer Jura-Klausur entscheidend ist: Beherrschung der Definition des maßgeblichen Rechtsbegriffs (hier: Staatsvolk) und Subsumtion durch genaue Auswertung des Sachverhalts. Gerade auf Letzteres muss unbedingt geachtet werden, weil ansonsten nicht der konkrete Fall gelöst wird, sondern abstrakte Rechtsabhandlungen geschrieben werden.
> **Faustformel:** Die Subsumtion muss mindestens ebenso lang sein wie die abstrakten Rechtsausführungen.
>
> Am Ende der Klausur muss sich jeder Satz des Sachverhalts in der Lösung wiederfinden.

B. Definiertes Staatsgebiet

Weiterhin könnte es an einem Staatsgebiet fehlen.

> **DEFINITION**
> Das **Staatsgebiet** ist eine bestimmte territoriale Basis, auf der eine Staatsgewalt operieren kann und die aus einer natürlichen Oberfläche besteht.

Staatsgebiet

Gerade letzteres Merkmal wird als maßgeblich angesehen, da schon der Ursprung des Wortes Territorium im lateinischen Wort „terra" (Erde) liegt. Die Ölplattform besteht ganz offensichtlich nicht aus einer natürlichen Oberfläche und kann daher nicht als Territorium bezeichnet werden. Das „Freie Fürstentum Alles Meins" hat daher auch kein definiertes Staatsgebiet.

> **KLAUSURHINWEIS**
> Obwohl es schon an einem Staatsvolk fehlt, ist zusätzlich auch noch auf das Staatsgebiet (und die Staatsgewalt, s.u.) einzugehen, weil der Sachverhalt dazu Angaben enthält.
> **Zwingende Regel für jede Klausurbearbeitung:** Der Sachverhalt ist erschöpfend rechtlich zu würdigen.

C. Staatsgewalt

Da das „Freie Fürstentum Alles Meins" weder ein dauerhaftes Staatsvolk noch ein definiertes Staatgebiet aufweist, können P, H und K auch keine „Staatsgewalt" darüber ausüben, unabhängig davon, ob sie sogar schon eine eigene Währung und somit die Einführung eines Wirtschaftssystems planen.

FALLENDE

D. Ergebnis

Das „Freie Fürstentum Alles Meins" ist kein Staat im Sinne des Völkerrechts.

2. Teil – Internationale Organisationen

A. Begriffsbestimmung

Internationale Organisation

> **DEFINITION**
>
> Eine **internationale Organisation** ist ein auf einem völkerrechtlichen Vertrag beruhender, mitgliedschaftlicher Zusammenschluss von mindestens zwei Völkerrechtssubjekten, der mit eigenen Organen Angelegenheiten von gemeinsamem Interesse besorgt.

Internationale Organisationen werden meist durch Staaten begründet, können aber durchaus auch durch internationale Organisationen begründet werden. Dazu müssen aber diese internationalen Organisationen selbst Völkerrechtssubjektivität besitzen (dazu sogleich unten).

Organe: Plenarorgan und Sekretariat

Eine internationale Organisation besteht typischerweise aus einer periodisch einberufenen Versammlung der Mitglieder (sog. **Plenarorgan**) und einem Sekretariat, das für die Verwaltung und Repräsentation der Organisation verantwortlich ist. Daneben gibt es unter Umständen ein kleines mitgliedschaftliches Organ mit wichtigen Entscheidungsbefugnissen, ein parlamentarisches Organ, ein Streitschlichtungsorgan oder Organe mit ähnlich besonderen Aufgaben.

> **BEISPIEL:** Die UN verfügen über die Generalversammlung als Plenarorgan und ein Sekretariat (geleitet vom Generalsekretär) sowie den Sicherheitsrat als Streitschlichtungsorgan.

Insgesamt lassen sich hier Haupt- und Nebenorgane unterscheiden.

> **DEFINITION**
> **Hauptorgane** sind Organe, die durch den Gründungsvertrag eingerichtet werden. **Nebenorgane** indessen werden durch Hauptorgane innerhalb von deren Kompetenz eingerichtet.

Haupt- und Nebenorgane

BEISPIEL: Die Hauptorgane der UN sind in Art. 7 I UN-Charta (UNC) aufgelistet. Ein Nebenorgan der UN ist UNICEF.

Die Verfassung internationaler Organisationen hat stets eine Doppelnatur. Sie ist ein multi- oder bilateraler Vertrag zwischen mindestens zwei Völkerrechtssubjekten, zugleich aber auch Gründungsinstrument eines neuen Völkerrechtssubjekts. Insoweit bestehen Besonderheiten bei der Auslegung solch einer Verfassung. Als multi- oder bilateraler Vertrag unterliegt sie den Auslegungsmethoden der Art. 31 ff. Wiener Vertragsrechtskonvention (WVRK). Wegen ihres Status als Verfassung aber ist dennoch eine eher flexible, zweckorientierte Auslegung angebracht, durch die sich das jeweilige Verfassungsziel am besten und einfachsten erreichen lässt (*effet utile*-Prinzip).

Doppelnatur der Verfassung

> **MERKSATZ**
> Für die Verfassung internationaler Organisationen gelten die Art. 31 ff. WVK und das *effet utile*-Prinzip.

Die internationale Rechtspersönlichkeit internationaler Organisationen wird meist durch eine explizite Regelung im Gründungsvertrag (bspw. Art. 47 EUV) oder die jeweilige Absicht der Mitgliedstaaten festgelegt, dass die Organisation eine internationale Rechtspersönlichkeit erhalten soll. Ansonsten kann sie aber auch aus Kompetenzen, Zweck und Praxis der jeweiligen internationalen Organisation gefolgert werden (dazu sogleich der „Reparations-Fall" des IGH). Eine solche Rechtspersönlichkeit gilt aber grundsätzlich nur gegenüber den Mitgliedstaaten der internationalen Organisation. Drittstaaten indessen müssen die internationale Organisation als Völkerrechtssubjekt anerkennen, damit diese ihnen gegenüber internationale Rechtspersönlichkeit besitzen kann (sog. **relative Völkerrechtsfähigkeit**, s.o. Einleitung 1. Kapitel). Eine objektive, also eine

Relative Völkerrechtssubjektivität

gegenüber allen Staaten geltende internationale Rechtspersönlichkeit hat nur die UN. Die internationale Rechtspersönlichkeit muss zudem von der nationalen Rechtspersönlichkeit abgegrenzt werden. Letztere meint die Rechtspersönlichkeit innerhalb einzelner Staaten. Meist ist diese nationale Rechtspersönlichkeit im Gründungsvertrag der Organisation ebenfalls geregelt.

BEISPIELE: Art. 104 UNC für die UN, Art. 335 AEUV für die EU.

Umfang der Handlungsfähigkeit

Der Umfang der Handlungsfähigkeit der internationalen Organisation hängt von ihrem Zweck ab, der im Gründungsvertrag festgelegt ist.

BEISPIEL: Im „Reparations-Fall" entschied der IGH, dass die Handlungsfähigkeit der UN unerlässlich sei zur effektiven Erfüllung ihrer Zwecke (insbesondere zur Friedenssicherung) und ihrer Prinzipien (sog. **implied powers-Prinzip**).

Dies folgt insbesondere aus der Tatsache, dass internationale Organisationen nur partielle Völkerrechtssubjekte sind (s.o. Einleitung 1. Kapitel), da sie nur insoweit Träger von Rechten und Pflichten im Rahmen des Völkerrechts sind als ihr Gründungsvertrag und ihr Organisationszweck reicht.

MERKSATZ
Eine internationale Organisation besitzt gegenüber Drittstaaten nur Völkerrechtssubjektivität, wenn diese sie als Völkerrechtssubjekt anerkennen (**relative Völkerrechtssubjektivität**). Der Umfang ihrer Handlungsfähigkeit hängt vom Zweck der internationalen Organisation ab.

Privilegien und Immunitäten

In diesem Sinne wird auch in Hinsicht auf Privilegien und Immunitäten internationaler Organisationen immer geprüft, ob diese im Einzelfall für die effektive Wahrnehmung der Organisationsfunktionen unerlässlich sind. Zudem sind diplomatische Vereinbarungen zu beachten.

Konsequenz aus der Rechtspersönlichkeit: Völkerrechtliche Verantwortlichkeit

Als notwendige Konsequenz aus der Rechtspersönlichkeit internationaler Organisationen sind diese grundsätzlich für ihre Handlungen völkerrechtlich verantwortlich. Unter Umständen können sogar für dieselbe Handlung die internationale Organisation und der Mitgliedstaat nebeneinander verantwortlich sein, wenn der Organisation die Handlung ihres Mitglieds zugerechnet werden kann (siehe zum Kapitel Staatenverantwortlichkeit unten 6. Kapitel). Allgemein anerkannt ist indessen, dass die Mitglieder wiederum nicht für Handlungen der Organisation haften, da internationale Organisationen selbstständig Verträge mit anderen Völkerrechtssubjekten schließen und nach Völkergewohnheitsrecht keine Verträge zulasten Dritter abschließen können.

Parallelverantwortlichkeit der internationalen Organisation und ihrer Mitgliedstaaten

MERKSATZ
Die Rechtspersönlichkeit einer internationalen Organisation führt zu ihrer völkerrechtlichen Verantwortlichkeit.

Mitglied einer internationalen Organisation wird man entweder als Gründungsmitglied oder durch Beitritt. Bezüglich des Beitritts gibt es je nach Organisation unterschiedliche formelle und materielle Voraussetzungen, die in dem Gründungsvertrag zu regeln sind. Gleich ist ihnen allen, dass das neue Mitglied in der Lage sein muss seine Pflichten innerhalb der Organisation zu erfüllen. Einen Anspruch auf eine Aufnahme in eine internationale Organisation besteht nach allgemeiner Ansicht nicht. Allerdings dürfen an den Beitritt keine Voraussetzungen gestellt werden, die nicht in der Verfassung der internationalen Organisation aufgeführt sind. Zudem besteht nach dem allgemeinen völkerrechtlichen Grundsatz des wechselseitigen Respekts wohl zumindest ein Anspruch auf Behandlung des Beitrittsantrags.

Mitgliedschaft in internationaler Organisation: Gründungsmitglied oder Beitritt

Auch der Mitgliedsstatus in einer internationalen Organisation und die daraus resultierenden Rechte und Pflichten sind je nach Organisation unterschiedlich. Es besteht aber immer eine allgemeine Loyalitätspflicht. Denkbar sind zudem verschiedene Mitgliedschaftsformen. Zum einen gibt es die Möglichkeit einer Voll- oder auch nur Teilmitgliedschaft. Demgegenüber ist auch eine assoziierte Mitgliedschaft denkbar. In diesem Fall erhält das Mitglied nicht die vollen Mitwirkungsrechte innerhalb der Organisation, sondern nur gewisse Beteiligungsrechte. Eine assoziierte Mitgliedschaft entsteht durch Abkommen mit den Mitgliedstaaten. Im Fall eines Vertrags zwischen dem Assoziierten und der internationalen Organisation selbst hingegen spricht man von einer vertraglichen Assoziierung. Durch ein solches Übereinkommen entsteht aber gerade keine assoziierte Mitgliedschaft innerhalb der Organisation, weshalb die Begriffe streng voneinander zu unterscheiden sind.

Rechte und Pflichten eines Mitglieds

Voll- oder Teilmitglied

Assoziierte Mitgliedschaft

Vertragliche Assoziierung

Beobachterstatus Neben der assoziierten Mitgliedschaft ist auch ein Beobachterstatus möglich, der gar keine Mitgliedschaft darstellt, sondern nur einzelne Mitwirkungsrechte innerhalb der internationalen Organisation umfasst (zumeist das Rederecht). Im Unterschied zur assoziierten Mitgliedschaft ist keine vertragliche Grundlage erforderlich, sondern es genügt eine Übertragung dieses Status über Normen der Geschäftsordnung der internationalen Organisation.

BEISPIEL: Der Heilige Stuhl und Palästina haben bei der UN einen Beobachterstatus.

MERKSATZ
Die Mitgliedschaft in einer internationalen Organisation besteht von Anfang an (Gründungsmitglied) oder durch Beitritt. Jedes Mitglied hat gegenüber der Organisation eine **allgemeine Loyalitätspflicht**. Mögliche Formen der Mitgliedschaft sind die Voll- und Teilmitgliedschaft sowie die assoziierte Mitgliedschaft. Sie sind zu trennen von der vertraglichen Assoziierung und dem Beobachterstatus.

Untergang Der Untergang einer internationalen Organisation ist meist schon im Gründungsvertrag geregelt.

BEISPIEL: Auflösung durch Stimmenmehrheit im Plenarorgan oder nach einem bestimmten Zeitraum.

Falls der Gründungsvertrag keine solche Regelung enthält, kann die Auflösung grundsätzlich durch das höchste Organ der internationalen Organisation erfolgen. Die Organisation löst sich außerdem im Rahmen der Definition internationaler Organisationen automatisch auf, wenn sie keine Mitglieder oder nur noch eines hat. Von einer Auflösung kann hingegen nicht ausgegangen werden, wenn die Organisation bloß längerfristig inaktiv war. Das Bestehen der internationalen Organisation hängt nämlich allein vom Willen der Mitglieder ab.

Rechtsnachfolge Auch möglich ist eine Rechtsnachfolge, also eine Übertragung von Rechten, Pflichten und/ oder Funktionen einer internationalen Organisation auf eine andere. Meist erfolgt dies durch vertragliche Regelung als Ablösung, Absorption (Aufnahme), Fusion, oder Funktionstransfer.

B. Abgrenzung der internationalen Organisationen von anderen Vereinigungen

Einige Gebilde und Begriffe müssen von internationalen Organisationen kategorisch abgegrenzt werden.

I. NICHTREGIERUNGSORGANISATIONEN (non-governmental organisations = NGOs)

> **DEFINITION**
> **NGOs** sind ein Zusammenschluss von mehreren gleichgesinnten Individuen oder privaten Verbänden aus mehreren Staaten, die einer nationalen Rechtsordnung unterliegen.

NGOs

BEISPIEL: Amnesty International.

Solche Organisationen haben meist eine weit reichende Beteiligung in Gremien und internationalen Organisationen sowie insgesamt einen großen politischen Einfluss.

BEISPIEL: Konsultationsmechanismus mit dem Wirtschafts- und Sozialrat der UN gem. Art. 71 UNC.

Da NGOs nicht von Völkerrechtssubjekten begründet werden, wird eine Völkerrechtssubjektivität von NGOs von der ganz h.M. abgelehnt.

II. HYBRIDE VERWALTUNGSFORMEN

> **DEFINITION**
> **Hybride Verwaltungsformen** sind Institutionen, die zwar auf globaler Ebene arbeiten, aber von Privaten gegründet und unter Umständen mit staatlicher Beteiligung betrieben werden sowie einer nationalen Rechtsordnung unterstehen.

Hybride Verwaltungsformen

Meist führen solche Institutionen reine Verwaltungsaufgaben aus. Eine Völkerrechtssubjektivität wird auch hier aus demselben Grund wie bei NGOs ganz herrschend abgelehnt.

BEISPIEL: Zentralstelle für die Vergabe von Internet-Namen und -Adressen (International Corporation for Assigned Names and Numbers; ICANN).

III. REGIME

Regime

DEFINITION
Regime meint ein Gebilde des Völkerrechts, das der gemeinsamen Aufgabenwahrnehmung von Staaten dient, objektive Verpflichtungen hervorbringt und in sich geschlossene Streitbeilegungsmechanismen aufweist.

Solche Gebilde werden teilweise sogar ohne völkerrechtlichen Vertrag gegründet. Es sind häufig Gebilde mit Organen ohne eigentliche Organisation. Mithin sind sie gerade keine internationalen Organisationen im Sinne der o.g. Definition.

BEISPIEL: Organisation für die Sicherheit und Zusammenarbeit in Europa (OSZE): Sie hat zwar verschiedene Organe, nämlich ein Gipfeltreffen der Staats- und Regierungschefs, einen Ministerrat, einen ständigen Rat, ein Generalsekretariat und eine parlamentarische Versammlung, aber keinen Gründungsvertrag, weshalb sie per Definition keine internationale Organisation ist.

IV. SUPRANATIONALE ORGANISATION/STAATENVERBUND

Supranationale Organisation

DEFINITION
Eine **supranationale Organisation** (alternativ: Staatenverbund) ist eine besonders hoch verdichtete internationale Organisation, die über bloße zwischenstaatliche Kooperation hinausgeht und mitgliedschaftliche Strukturen übersteigt, indem sie über eigene, von den Mitgliedstaaten abgespaltene Kompetenzen verfügt.

BEISPIEL: EU: Sie hat eine Fülle hoheitlicher Befugnisse im Rahmen des Prinzips der begrenzten Einzelermächtigung gem. Art. 5 I 1, II 1 EUV, die teilweise sogar einen Eingriff in die Individualsphäre erlauben. Insoweit sind die dem EU-Recht unterstehenden Subjekte also – im Unterschied zu herkömmlichen internationalen Organisation – nicht nur Staaten, sondern auch Individuen. Hieraus wiederum erklärt sich auch die Notwendigkeit eines eigenen Menschenrechtsschutzes innerhalb der EU (vgl. Art. 6 EUV i.V.m. GR-Charta).

Für das Vorliegen einer supranationalen Organisation hat man auf Grundlage der Existenz der EU vier Kriterien aufgestellt. Dies sind (a) das Treffen von Entscheidungen, die für die Mitglieder verbindlich sind, (b) ein Mehrheitsbeschluss bei Entscheidungen, (c) Rechtssetzungsbefugnisse mit Vorrang vor dem innerstaatlichen Recht, und (d) unmittelbare Geltung des Rechts der Organisation im nationalen Recht.

Merkmale einer supranationalen Organisation

3. Teil – Spezielle Fälle - Völkerrechtssubjekte?

A. Der Malteser Orden

Der Malteser Orden entstand als Ritterorden zum Schutze des Klosters St. Johann in Jerusalem und nannte sich daher in seinen Anfangszeiten „Johanniterorden". Er befand sich im Laufe der Geschichte durchweg auf der Flucht, insbesondere von Jerusalem über Rhodos und Malta bis nach Rom. Heutzutage ist sein Sitz in Rom und er ist anerkanntes Völkerrechtssubjekt. Diese Anerkennung ist allerdings allein der Tradition geschuldet, weshalb der Malteser Orden als Sondervölkerrechtssubjekt bezeichnet wird.

Völkerrechtssubjekt kraft Tradition

Wichtig in diesem Zusammenhang ist, dass es heutzutage auch den Johanniterorden gibt, der gerade kein Völkerrechtssubjekt darstellt und daher nicht mit dem Malteser Orden verwechselt werden darf.

Malteser Orden ungleich Johanniterorden

B. Der Heilige Stuhl, der Vatikan und die katholische Kirche

Der Vatikan, der Heilige Stuhl und die katholische Kirche haben unterschiedliche Bedeutungen, aber dasselbe Oberhaupt. Sie sind strikt voneinander zu trennen.

Der Vatikan besteht aus von Italien gepachtetem Land und ist als Staat – und zwar als sog. **„Kirchenstaat"** – allgemein anerkannt. So gibt es beispielsweise eine eigene Staatsangehörigkeit innerhalb des Vatikans.

Vatikan = Kirchenstaat

Heilige Stuhl = Der Heilige Stuhl hingegen ist kein Staat, sondern besteht aus dem Papst
der Papst selbst. Der Heilige Stuhl hat diplomatische Beziehungen und sogar eigene
Kein Staat, aber Botschafter. Er wird – wie der Malteser Orden – aus Tradition als Völker-
Völkerrechtssubjekt rechtssubjekt anerkannt und ist insoweit Sondervölkerrechtssubjekt.

Kath. Kirche = Daneben gibt es die katholische Kirche. Diese Bezeichnung trägt die
kath. Religionsge- katholische Religionsgemeinschaft. Ebenso wie andere Religionsgemein-
meinschaft schaften ist sie selbst kein Völkerrechtssubjekt.
Kein Völkerrechtssubjekt

C. Internationales Komitee des Roten Kreuzes (IKRK)

Das IKRK ist zumindest als partielles Völkerrechtssubjekt anerkannt, da es
Partielles durch viele Völkerrechtsverträge mit eigenen Rechten und Pflichten aus-
Völkerrechtssubjekt gestattet ist.

BEISPIEL: Art. 125 III. Genfer Abkommen (Kriegsgefangene).

Abgrenzung: Liga Parallel zum IKRK gibt es auch die Liga der Gesellschaft des Roten Kreuzes/
der Gesellschaft des Roten Halbmondes. Diese ist die Dachorganisation aller natio-
des Roten Kreuzes nalen Roten Kreuze/ Roter Halbmonde und besitzt gerade keine eigene
Völkerrechtssubjektivität.

D. Aufständische/Befreiungsbewegungen

Entscheidend: Bezüglich Aufständischen und Befreiungsbewegungen innerhalb eines
Effektive Herr- Staatsgebiets hat das Völkerrecht im Laufe der Zeit eine Wandlung
schaftsgewalt vollzogen. Inzwischen ist allgemein anerkannt, dass solche Perso-
über Teil des nengruppen im Sinne einer Völkerrechtssubjektivität in gültige,
Staatsgebiets völkerrechtliche Verbindungen treten können. Allerdings ist dies an
die Bedingung geknüpft, dass sie zum Zeitpunkt solcher Handlungen
bereits die effektive Herrschaftsgewalt über einen Teil des Staatsgebiets
erlangt haben. Diese Möglichkeit wird im Übrigen gerade nicht restriktiv
ausgelegt, denn solche Bewegungen unterliegen ja gerade erst ab der
Anerkennung ihrer Völkerrechtssubjektivität dem Völkerrecht. Somit
wird ihre Anerkennung eher als vorteilhaft betrachtet. Das Kriegsrecht
hingegen gilt erst ab der Anerkennung der Rebellen als kriegführende
Partei durch Drittstaaten.

E. Individuen

Besonders umstritten ist die Völkerrechtssubjektivität von Individuen. Nach der früher herrschenden **Subjekttheorie** sind Individuen sogar die einzigen Völkerrechtssubjekte und der Staat als solcher bloße Fiktion. Insbesondere wurde diese Meinung von dem Argument getragen, dass Staaten allein aus Individuen bestünden. Sie seien im Sinne einer „nation" sogar nur deshalb entstanden, da Individuen sich als „nationals" betrachtet hätten.

Subjekttheorie

Dies ist aus Sicht der heute herrschenden **Objekttheorie** richtigerweise eine rein philosophische Betrachtungsweise. Praktisch gesehen sind Staaten im Sinne des Völkerrechts verpflichtet und eben nicht Gruppen von Individuen. Nach der Objekttheorie sind Individuen vielmehr Objekte des Völkerrechts. Zwar verbiete das Völkerrecht ihre Völkerrechtssubjektivität nicht. Jedoch könnten keine Rechte anerkannt werden, wo keine bestünden.

Objekttheorie

Genau an diesen Punkt knüpft eine vermittelnde Ansicht an. Ihr zufolge haben Individuen heutzutage zumindest partielle Völkerrechtssubjektivität, nämlich insoweit als ihnen von internationalen Verträgen Rechte zuerkannt würden und sie diese Rechte vor internationalen Gerichten gegen Staaten geltend machen könnten.

Vermittelnde Ansicht

BEISPIEL: Konventionen zum Schutze von Menschenrechten wie die EMRK.

Allerdings unterliegen Staaten auch im Rahmen von Menschenrechtsverträgen höchstens sog. **„obligations of result"**, nicht **„obligations of conduct"**. Dies bedeutet, dass Staaten – selbst wenn sie von internationalen Menschenrechtsgerichtshöfen wie dem EGMR – verurteilt werden, über die Mittel der Urteilsumsetzung selbst entscheiden können.

BEISPIEL: Der EGMR kann einen Mitgliedstaat zwar zur Zahlung von Schadensersatz an ein Individuum verurteilen, aber nicht zu einer spezifischen Änderung seiner Gesetzeslage o.ä.

Auch das Völkerstrafrecht bietet nicht gerade einen umfänglichen Schutz für Individuen, sondern enthält grundsätzlich nur wenige Verbrechen. Außerdem kann der Internationale Strafgerichtshof hier erst tätig werden, wenn sich ein Staat seiner Gerichtsbarkeit unterworfen hat (vgl. Art. 12 Römisches Statut).

Die vermittelnde Ansicht ist daher abzulehnen und der Objekttheorie zu folgen.

MERKSATZ

Nach vorzugswürdiger Meinung sind Individuen **keine Völkerrechtssubjekte**.

KLAUSURHINWEIS

Nach der **Objekttheorie** sind Individuen keine Völkerrechtssubjekte. Diesen Schluss muss man in vielen Völkerrechtsklausuren beachten. Oft ist gerade das Individuum oder eine Gruppe von Individuen (und eben nicht ein Staat) von einem anderen Staat geschädigt worden. In einem solchen Klausurfall erheben immer das Individuum und daneben der Staat, dem es angehört, Ansprüche gegen den verletzenden Staat. Man prüft dann zunächst, ob es spezielle völkerrechtliche Normen gibt, die (i) dem Individuum ausdrücklich einen Anspruch verleihen, den es selbst durchzusetzen berechtigt wird, und (ii) denen sich der verletzende Staat zuvor durch Willenserklärung unterworfen hat (typisch ist hier die EMRK). Ist dies nicht der Fall, hat das Individuum mangels Völkerrechtssubjektivität keine Möglichkeit, allein gegen den verletzenden Staat vorzugehen. Dies ist in einer Klausur zu erklären und danach sind nur noch die Ansprüche des Staates zu prüfen, dem das Individuum angehört.

QUELLEN DES VÖLKERRECHTS

Art. 38 I IGH-Statut verweist auf folgende Rechtsquellen des Völkerrechts: Völkerrechtliche Verträge, Völkergewohnheitsrecht, allgemeine Rechtsgrundsätze, Urteile und die Rechtsliteratur. Daneben ist es umstritten, ob es weitere Quellen des Völkerrechts gibt, insbesondere in Form des sog. **soft law** sowie der Resolutionen der UN-Generalversammlung und des UN-Sicherheitsrates.

Rechtsquellen: Art. 38 I IGH-Statut

In Bezug auf die Hierarchie dieser Rechtsquellen gelten grundsätzlich dieselben Regeln zur Gesetzeskonkurrenz, die aus dem deutschen Recht bekannt sind, insbesondere die Regel *lex specialis derogat legi generali* (das spezielle Recht geht dem allgemeinen Recht vor).

Hierarchie der Rechtsquellen

BEISPIEL: Eine Regelung aus einem bilateralen Vertrag ist lex specialis im Verhältnis zum Völkergewohnheitsrecht.

Weiterhin gilt die Regel *lex posterior derogat legi priori* (das spätere Gesetz hebt das frühere Gesetz auf).

1. Teil – Völkerrechtliche Verträge, Art. 38 I lit. a) IGH-Statut

> **DEFINITION**
> Ein **völkerrechtlicher Vertrag** ist eine ausdrückliche oder konkludente Willenseinigung zwischen mindestens zwei Völkerrechtssubjekten, durch die völkerrechtliche Rechte und Pflichten begründet werden (vgl. auch Art. 2 I lit. a) WVRK).

Völkerrechtlicher Vertrag
WVRK = Wiener Vertragsrechtskonvention

Hierbei bestehen grundsätzlich keine Formerfordernisse. Es muss jedoch ein Rechtsbindungswille bestehen.

Entscheidend: Rechtsbindungswille

Wichtige Grundsätze in diesem Zusammenhang sind die Regel *pacta tertiis nec nocent nec prosunt* (weder schaden Verträge Dritten, noch nützen sie ihnen) und die Regel *pacta sunt servanda* (Verträge sind einzuhalten, Art. 26 WVRK), die aus dem nationalen Recht bekannt sind.

Wichtige Vertragsgrundsätze

30 QUELLEN DES VÖLKERRECHTS

WVRK ist weitgehend Völkergewohnheitsrecht (vgl. dazu unten 2. Teil)

Für Verträge zwischen Staaten gilt grundsätzlich die Wiener Vertragsrechtskonvention (WVRK), die 1969 von der UN-Generalversammlung angenommen wurde und seit 1980 in Kraft ist. Da sie inzwischen von über 110 Staaten ratifiziert wurde, werden ihre Regelungen zudem insgesamt – mit wenigen Ausnahmen – als Völkergewohnheitsrecht angesehen. Für Verträge zwischen mehreren internationalen Organisationen sowie zwischen Staaten und internationalen Organisationen gibt es ein ähnliches Übereinkommen aus dem Jahr 1986. Da dieses Abkommen allerdings noch nicht in Kraft getreten ist und ohnehin ähnliche Regelungen enthält, wird es im Folgenden nicht gesondert behandelt.

A. Prüfung eines völkerrechtlichen Vertrags

PRÜFUNGSSCHEMA

  I. Anwendbare Regelungen
 II. Wirksamer Vertragsschluss, Art. 6-18 WVRK
III. Vorbehalte, Art. 19-23 WVRK
 IV. Inkrafttreten des Vertrags, Art. 24 WVRK
  V. Gültigkeit des Vertrags, Art. 42 WVRK
 VI. Fortfall der Vertragsbindung wegen Beendigung/Suspendierung, Art. 54 ff. WVRK

I. ANWENDBARE REGELUNGEN

In diesem Prüfungsschritt ist zunächst die Anwendbarkeit des jeweiligen völkerrechtlichen Vertrags auf den vorliegenden Einzelfall zu prüfen.

Außerdem muss geprüft werden, ob die WVRK selbst anwendbar ist. Dies richtet sich nach Art. 1, 3-5 WVRK. Danach gilt die WVRK insbesondere nur für geschriebene Verträge, die bereits in Kraft getreten sind. Sollte die WVRK im Einzelfall nicht anwendbar sein, können die meisten ihrer Regelungen als Völkergewohnheitsrecht gleichwohl herangezogen werden. Kein Völkergewohnheitsrecht ist jedoch insbesondere Art. 20 V WVRK.

KLAUSURHINWEIS
Dass die WVRK nicht anwendbar ist, ist eine typische Klausurfalle. In diesem Fall muss dies ausgeführt, die Anwendbarkeit der Bestimmungen der WVRK als Völkergewohnheitsrecht festgestellt und sodann nur darauf verwiesen werden. Es findet also inhaltlich die gleiche Prüfung statt wie bei einer direkten Anwendung der WVRK.

II. WIRKSAMER VERTRAGSABSCHLUSS, Art. 6-18 WVRK

Der Vertrag muss nach den Regeln des Völkerrechts ordnungsgemäß zustande gekommen sein.

1. Annahme eines Vertragstextes

Der Vertragstext wird durch Zustimmung aller Vertragsstaaten gem. Art. 9 I WVRK bzw. auf einer internationalen Konferenz mit den in Art. 9 II WVRK erläuterten Mehrheitsverhältnissen angenommen.

Art. 9 WVRK

Da die Vertragsstaaten meistens unterschiedliche Amtssprachen haben und den Text daher unter Umständen nur in ihrer eigenen Amtssprache und eventuell einer zusätzlichen Sprache geprüft haben, könnte es wegen entscheidender begrifflicher Unterschiede der Sprachen später zu erheblichen Auslegungsschwierigkeiten kommen. Daher wird der sog. **authentische Text** (Art. 10 WVRK) bzw. oft auch mehrere authentische Texte festgelegt, sodass deren Auslegung später am Maßstab des Art. 33 WVRK erfolgen kann.

Authentischer Text

Die Festlegungsmöglichkeiten regelt Art. 10 WVRK. Meist wird von diesen Möglichkeiten die Paraphierung gewählt, also die Unterzeichnung des staatlichen Vertreters mit den Anfangsbuchstaben seines Namens.

Paraphierung

2. Zustimmung jedes einzelnen Staates

Wegen des **Grundsatzes pacta tertiis nec nocent nec prosunt** (s.o.) muss jeder Staat der Vereinbarung zustimmen. Hierzu bestehen die verschiedenen Möglichkeiten der Zustimmung nach Art. 11 ff. WVRK.

Zustimmungsmöglichkeiten: Art. 11 ff. WVRK

Nach der h.M. müssen zur Wirksamkeit des Vertragsabschlusses zudem alle Staaten den Vertrag auch ratifizieren. Eine Ausnahme wird nur für den Fall angenommen, dass der jeweilige Vertrag ausdrücklich das Gegenteilige erklärt.

Ratifikation

> **DEFINITION**
> Die **Ratifikation** ist die völkerrechtlich verbindliche Erklärung des Vertragsabschlusses durch die nach dem Völkerrecht zuständigen Organe (Staatsoberhaupt, Regierungschef und Außenminister) oder durch die dazu völkerrechtlich ermächtigten Personen.

> **MERKSATZ**
> Es ist dringend zu unterscheiden zwischen der **völkerrechtlichen** und der **innerstaatlichen Wirksamkeit** von völkerrechtlichen Verträgen. Werden die innerstaatlichen Regelungen zur Ratifikation eines völkerrechtlichen Vertrages nicht eingehalten, ist der Vertrag innerstaatlich zwar nicht wirksam, kann aber völkerrechtlich dennoch Geltung erlangen und sogar in Kraft treten (Art. 27, 46 WVRK). Dies hängt von den Regelungen des jeweiligen Vertrags und den Einzelfallumständen ab.

BEISPIEL: Schließt der Bund einen völkerrechtlichen Vertrag, ändert sich an dessen völkerrechtlicher Wirksamkeit nichts dadurch, dass für den im Vertrag geregelten Sachbereich innerstaatlich die Länder zuständig sind.

3. Form: Vollmacht nach Art. 7 WVRK

Bezüglich der Formvorschrift des Art. 7 WVRK ist zu beachten, dass die WVRK ohnehin nur für geschriebene Verträge nach ihrem Inkrafttreten gilt (s.o.), weshalb eine weitere Formprüfung als die der Vollmacht nicht nötig ist.

III. VORBEHALTE, Art. 19-23 WVRK

Vorbehalt

> **DEFINITION**
> Ein **Vorbehalt** zu einem völkerrechtlichen Vertrag ist eine einseitige Willenserklärung, mit der ein Vertragspartner seine vertraglichen Pflichten modifiziert, konkretisiert oder reduziert (vgl. auch Art. 2 I lit. d) WVRK).

> **KLAUSURHINWEIS**
> Bei der Prüfung von Vorbehalten sollte man immer im Hinterkopf behalten, dass Vorbehalte innerhalb des Völkerrechts nicht in jedem Fall unerwünscht sind. Angesichts der Anzahl und Vielfältigkeit der Auffassungen von Völkerrechtssubjekten kommen schließlich ohnehin selten Verträge mit bindenden Regelungen zustande. Daher werden Einigungen zu Grundfragen als wertvoller erachtet als vollständige Vereinbarungen. Vorbehalte sollten also in einer Klausur nicht allzu schnell als unwirksam angesehen werden.

Abzugrenzen sind Vorbehalte von sog. **Interpretationserklärungen**. Art. 2 I lit. d) WVRK, der Völkergewohnheitsrecht entspricht, erklärt ausdrücklich, dass diese Abgrenzung nicht anhand der Bezeichnung der Erklärung zu erfolgen hat (Wortlaut: *"eine wie auch immer formulierte oder bezeichnete [...] Erklärung"*). Entscheidend ist vielmehr deren Inhalt, und zwar insbesondere die Frage, ob die Erklärung eher bezweckt, die Vertragspflichten des unterzeichnenden Staates zu verringern oder eher die Vertragspflichten zu interpretieren.

Abgrenzung: Vorbehalt ←→ Interpretationserklärung

BEISPIEL: Häufig erklärt ein Staat, dass er seine Verpflichtungen nach der jeweiligen völkerrechtlichen Vereinbarung davon abhängig macht, ob sie mit seinem nationalen Recht oder zumindest mit seinem Verfassungsrecht vereinbar sind. Auch wenn dies zunächst eher wie eine Absicht zur Auslegung des Völkerrechtsvertrags erscheint, handelt es sich um einen Vorbehalt, da der erklärende Staat seine völkerrechtlichen Pflichten durch Änderung seines nationalen Rechts tatsächlich beeinflussen und eben nicht nur auslegen kann.

Der Unterschied zwischen Vorbehalten und Interpretationserklärungen liegt in deren Rechtsfolgen. Im Falle einer Interpretationserklärung ist der erklärende Staat vollumfänglich an den völkerrechtlichen Vertrag gebunden. Dementsprechend sind Interpretationserklärungen uneingeschränkt zulässig.

Entscheidend für die **Abgrenzung**: Beabsichtigte Rechtsfolge

Die Rechtsfolgen von Vorbehalten sind in den Art. 19-23 WVRK eingehend erläutert. Anders als Interpretationserklärungen können Vorbehalte danach unzulässig sein. Umstritten ist allerdings die Rechtsfolge einer solchen Unzulässigkeit. Einer Meinung zufolge sei in diesem Fall der Vorbehalt ungültig, sodass die modifizierte, konkretisierte oder

Rechtsfolge eines Vorbehalts

ausgeschlossene Regel für den Staat vollständig gelte. Dies allerdings verstößt gegen das Prinzip *pacta tertiis nec nocent nec prosunt* (s.o.). Eine weitere Auffassung will den Staat, der den Vorbehalt setzt, nicht weiter als Vertragspartei ansehen. Dies wiederum widerspricht dem Gedanken, dass im Völkerrecht ohnehin selten bindende Verträge geschlossen werden und man daher so viele Staaten zu binden versucht wie möglich. Eine dritte und wohl h.M. macht die Wirksamkeit des Vorbehalts in einem solchen Fall von der Akzeptanz der anderen Vertragsstaaten abhängig.

MERKSATZ
Ist ein **Vorbehalt unzulässig**, hängt dessen Wirksamkeit nach h.M. von der Akzeptanz der anderen Vertragsstaaten ab.

IV. INKRAFTTRETEN DES VERTRAGS, Art. 24 WVRK

Trenne völkerrechtliche Wirksamkeit und innerstaatliche Wirksamkeit

Das Inkrafttreten eines völkerrechtlichen Vertrags hängt von den Einzelumständen und dem jeweiligen Vertrag ab. Die Einhaltung innerstaatlicher Rechtsnormen – insbesondere solcher, die die Zustimmung nationaler Organe vorsehen – ist völkerrechtlich irrelevant (Art. 27, 46 WVRK). Da es somit vorkommen kann, dass ein völkerrechtlicher Vertrag völkerrechtlich wirksam und nach nationalem Recht unwirksam ist, wird hinsichtlich des Inkrafttretens des Vertrags in den meisten völkerrechtlichen Verträgen zwischen Unterzeichnung und Ratifikation des Vertrages unterschieden (s.o.). Dementsprechend muss man auf die jeweiligen Regelungen des völkerrechtlichen Vertrages im Einzelfall achten.

Pflichten vor Inkrafttreten

Schon vor dem Inkrafttreten des Vertrages bestehen indes vorläufige Pflichten aus Art. 18, 25 WVRK.

Nach Inkrafttreten des Vertrages wird er an das Sekretariat der UN zur Registrierung und Publikation übermittelt (Art. 80 WVRK).

V. GÜLTIGKEIT DES VERTRAGS, Art. 42 ff. WVRK

Ein Vertrag ist nur dann völkerrechtlich gültig, wenn kein Ungültigkeitsgrund i.S.v. Art. 46 ff. WVRK vorliegt. Die Ungültigkeit kann nach den Art. 42 ff. WVRK durch Erklärung geltend gemacht werden.

1. Ungültigkeitsgründe, Art. 42 WVRK

Ungültigkeitsgründe sind insbesondere entgegenstehende innerstaatliche Bestimmungen, Willensmängel und ein Verstoß gegen ***ius cogens.***

a) Entgegenstehende innerstaatliche Bestimmungen, Art. 46 WVRK

Entgegenstehende innerstaatliche Bestimmungen können grundsätzlich nicht zur Ungültigkeit eines Vertrages führen. Dies ist nur möglich, wenn die Verletzung offenkundig war und eine innerstaatliche Regelung von grundlegender Bedeutung betraf, Art. 46 WVRK.

Grundsatz

Ausnahme

BEISPIEL: Im Fall Cameroon v Nigeria (2002) hatte das nigerianische Staatsoberhaupt ohne entsprechende Kompetenz eine Erklärung unterschrieben, deren Wirksamkeit daher fraglich war. Der IGH erklärte, dass gerade Staatsoberhäupter als für internationale Vertragsabschlüsse kompetent gelten und von anderen Staaten nicht erwartet werden könne, sich vor dem Abschluss eines internationalen Vertrages über jedes innerstaatliche Rechtssystem der Beteiligten zu informieren. Die Ausnahme des Art. 46 WVRK gelte daher nicht und somit sei der Vertrag völkerrechtlich wirksam.

> **KLAUSURHINWEIS**
> Der IGH vertritt diesbezüglich eine restriktive Sichtweise, die man in einer Klausur ebenso vertreten sollte.

b) Willensmängel, Art. 48-52 WVRK

Willensmängel im Sinne der WVRK sind Irrtum, Betrug, Korruption und Nötigung. Rechtliche Probleme bereiten nur der Irrtum und die Nötigung. Den Irrtum nach Art. 48 WVRK bejaht der IGH nur äußerst selten und sieht ihn meist als vermeidbar an.

Irrtum

BEISPIEL: Der Fall Temple of Preah Vihear (1962), in dem es um einen Grenzkonflikt zwischen Thailand und Kambodscha wegen des Tempel Prasat Preah Vihear ging.

Hinsichtlich der Nötigung trifft die WVRK eine Differenzierung zwischen der Nötigung gegenüber Staatsvertretern (Art. 51 WVRK) und der gegenüber Staaten selbst (Art. 52 WVRK). Erstere liegt schon bei jedem Zwang gegenüber dem Staatsvertreter vor. Eine Nötigung gegenüber Staaten selbst ist nur bei Androhung oder Anwendung von Gewalt gegeben. Insoweit verweist Art. 52 WVRK auf Art. 2 Nr. 4 UNC.

Nötigung

c) Verstoß gegen ius cogens, Art. 53, 64 WVRK

Ius cogens

Die Gültigkeit eines Vertrags wird zudem durch das Vorliegen von *ius cogens* beeinflusst (siehe zu *ius cogens* 5. Kapitel, 6. Teil). Danach ist ein Vertrag, der gegen eine Norm des *ius cogens* verstößt, nichtig. Dies gilt sowohl für Normen, die im Zeitpunkt des Vertragsschlusses bestehen (Art. 53 WVRK), als auch für solche, die erst nach seinem Abschluss entstehen (Art. 64 WVRK).

2. Rechtsfolgen der Ungültigkeit

Gesamter Vertrag nichtig

Die Ungültigkeit bezieht sich auf den gesamten Vertrag gem. Art. 44 II WVRK, der in diesem Fall nichtig ist gem. Art. 69 WVRK. Bei einem Verstoß gegen *ius cogens* bestehen allerdings gewisse Zusatzpflichten, die in Art. 71 WVRK geregelt sind.

VI. FORTFALL DER VERTRAGSBINDUNG WEGEN BEENDIGUNG/ SUSPENDIERUNG, Art. 54 ff. WVRK

Ungeschriebene Beendigungs-/ Suspendierungsgründe

Das Völkerrecht sieht gewisse Möglichkeiten des Fortfalls der Vertragsbindung wegen Beendigung oder Suspendierung vor. Völkerrechtlich anerkannt, wenn auch nicht verschriftlicht, sind die dauerhafte Nichtanwendung des Vertrages, die Verwirkung des Vertrages, ausdrücklicher Verzicht sowie der Untergang der Vertragspartei. Verschriftlicht in der WVRK sind zusätzliche Möglichkeiten in den Art. 54 ff. WVRK. Die wohl relevantesten Möglichkeiten sind die Folgenden:

1. Vertragsregelung/ Vereinbarung, Art. 54-58 WVRK

Primär: Regelung im Vertrag

Verträge enthalten teilweise selbst Regelungen, die ihre Beendigung oder Suspendierung festlegen (z.B. einen Zeitablauf).

Sekundär: Art. 56 I WVRK

Zudem können Staaten aufgrund ihrer Souveränität grundsätzlich jederzeit von jedem sie bindenden völkerrechtlichen Vertrag zurücktreten. Nichtsdestotrotz stellt Art. 56 I WVRK die widerlegbare Vermutung auf, dass Verträge, die keine Regelungen über Rücktritt oder Kündigung einer Vertragspartei enthalten, grundsätzlich beides nicht zulassen; ausgenommen davon sind die Fälle, in denen die Vertragsparteien solche Möglichkeiten beabsichtigten oder in denen sich solche Rechte aus der Natur des Vertrages ableiten lassen.

2. Vertragsverletzung, Art. 60 WVRK
Nach Art. 60 WVRK kann auch die Vertragsverletzung eine Möglichkeit sein, einen Vertrag zu beenden oder zu suspendieren.

BEISPIEL: Der französisch-sowjetische Vertrag vom 10.12.1944 wurde aufgrund der Aufnahme Westdeutschlands in die Westeuropäische Union beendet, da diese Aufnahme gegen ein im Vertrag enthaltenes Verbot verstieß.

> **KLAUSURHINWEIS**
> In einer Klausur ist oftmals zusätzlich zu prüfen, ob eine Vertragsverletzung dem Vertragspartner das Recht gibt, als verhältnismäßige Gegenmaßnahme gleichfalls den Vertrag zu verletzen. Details dazu finden sich in dem Kapitel zur Staatenverantwortlichkeit (6. Kapitel, 1. Teil).

3. Grundlegende Änderung der Umstände, Art. 62 WVRK
Dieser Grund des Fortfalls der Vertragsbindung ist vergleichbar mit dem Wegfall der Geschäftsgrundlage aus dem deutschen Recht. Voraussetzung ist, dass wesentliche Umstände, die Grundlage des völkerrechtlichen Vertrages waren, nachträglich und für beide Parteien unerwartet weggefallen sind.

Vergleichbar mit Wegfall der Geschäftsgrundlage im dt. Recht

> **KLAUSURHINWEIS**
> Der IGH vertritt diesbezüglich allerdings eine sehr restriktive Ansicht. Man sollte in einer Klausur eine solche grundlegende Änderung der Umstände also nicht leichtfertig annehmen.

BEISPIEL: IGH-Entscheidung Fisheries Jurisdiction (1973), in der es darum ging, das Island im Jahr 1971 entgegen einer mit Großbritannien 1961 geschlossenen Vereinbarung beabsichtigte seine Fischereizone von 12 auf 50 Seemeilen auszudehnen. Die isländische Regierung vertrat die Ansicht, diese Vereinbarung binde Island nicht mehr, da sich die Umstände seit 1961 grundlegend geändert hätten. Erstens sei die Vereinbarung ein Kompromiss gewesen und Island habe ihr nur zugestimmt, damit Großbritannien zumindest eine Zone von 12 Seemeilen anerkannte; inzwischen sei diese Zone aber ohnehin allgemein anerkannt. Zweitens habe sich das Ausmaß der Nutzung der Fischereiressourcen seit 1961 erheblich erhöht. Der IGH erklärte, beides sei keine grundlegende Änderung der Umstände, weshalb die Vereinbarung weiterhin bindend sei.

4. Untergang einer Vertragspartei

Völkergewohnheitsrecht

Ein weiterer Grund für den Fortfall der Vertragsbindung ist zwar nicht in der WVRK enthalten, aber völkergewohnheitsrechtlich anerkannt: Der Untergang einer Vertragspartei kann bei bilateralen Verträgen grundsätzlich den Fortfall der Vertragsbindung bewirken. Bei multilateralen Verträgen hingegen ist dies grundsätzlich abzulehnen. Der Untergang einer Vertragspartei ist allerdings auch im Rahmen von bilateralen Verträgen kein Grund für den Fortfall der Vertragsbindung, soweit es sich um einen Vertrag handelt, der an das Territorium des untergegangenen Staats gebunden ist (sog. **radizierter Vertrag**; insbes. Grenzverträge). Ansonsten bestünde nämlich eine ständige weltweite, territoriale Instabilität.

Radizierter Vertrag

> **MERKSATZ**
> Der **Untergang einer Vertragspartei** führt nur bei bilateralen Verträgen zu einem Fortfall der Vertragsbindung und das auch nur grundsätzlich. Eine Ausnahme gilt für radizierte Verträge.

B. Vertragsänderungen, Art. 39 ff. WVRK

Ein völkerrechtlicher Vertrag kann durch einen Neuabschluss des Vertrages durch die Parteien, durch Völkergewohnheitsrecht oder bei unerheblichen Änderungen durch ein entsprechend kompetentes Organ des Vertragsregimes geändert werden.

Neuabschluss

Entschließen sich die Vertragsparteien zum Neuabschluss des Vertrages, müssen zur Wirksamkeit dieses neuen Vertrages grundsätzlich wiederum alle oben genannten Voraussetzungen erfüllt sein, Art. 39 WVRK i.V.m. Art. 6 ff. WVRK. Dabei bestehen jedoch einige Besonderheiten, die die Art. 40, 41 WVRK regeln. Insbesondere können zwischen zwei Parteien, von denen eine Partei der Vertragsänderung zugestimmt und die andere sie abgelehnt hat, wegen des Prinzips *pacta tertiis nec nocent nec prosunt* (s.o.) nur diejenigen Regelungen gelten, über die sich beide einig sind, vgl. dazu die vorsichtige Wortwahl in Art. 40, 41 WVRK, insbesondere Art. 40 IV, V WVRK. Um daraus folgende Unklarheiten zu vermeiden, werden häufig keine ganz neuen Verträge geschlossen, sondern sog. **Protokolle**, denen optional beigetreten werden kann und die zusätzlich zu dem bisherigen Vertrag gelten sollen

Protokoll

BEISPIEL: Protokolle zur Europäischen Menschenrechtskonvention.

Auch neu entstehendes Völkergewohnheitsrecht kann einen bestehenden völkerrechtlichen Vertrag ändern bzw. zumindest eine neue Interpretation des Vertrages erfordern. Denklogisch muss zumindest für den erstgenannten Fall zunächst ein Verstoß gegen den jeweiligen Vertrag vorliegen. Erst bei einer dazu ausreichenden Intensität von Staatenpraxis und opinio juris wird man von einer völkergewohnheitsrechtlichen Norm ausgehen können, die die bisherige vertragliche Regelung abbedingt (sog. **derogierendes Völkergewohnheitsrecht**) (zum Völkergewohnheitsrecht s.u. 2. Kapitel, 2. Teil).

Derogierendes Völkergewohnheitsrecht

BEISPIEL: Petersburger Deklaration über das Verbot der Verwendung von Sprenggeschossen (1868), gegen die im Ersten Weltkrieg von den kriegsführenden Parteien verstoßen wurde und die nach h.M. daher nach und nach durch gegenteiliges Völkergewohnheitsrecht abbedungen wurde.

C. Vertragsauslegung, Art. 31-33 WVRK

Nach der WVRK bestehen vier Auslegungsgrundsätze. Gem. Art. 31 WVRK sind dies zunächst Wortlaut, Systematik und Teleologie der jeweiligen Vertragsvorschrift. Die vierte Auslegungsmethode, die nicht in der WVRK niedergeschrieben ist, betrifft die Effektivität des Vertrags (sog. **effet utile-Prinzip**). Danach soll diejenige Auslegungsvariante gewählt werden, durch die Vertragsregelungen am effektivsten angewandt werden können. Allerdings darf die Wortlautgrenze auch vom Effektivitätsprinzip nicht überschritten werden.

Auslegungsgrundsätze, Art. 31 WVRK: Wortlaut, Systematik, Sinn und Zweck, effet utile

Bei Verträgen, die in mehreren Sprachen authentifiziert sind, gilt darüber hinaus Art. 33 WVRK.

2. FALL: WO LIEGT NEMO?
Problemschwerpunkte: Irrtum; Auslegung völkerrechtlicher Verträge

SACHVERHALT

Die Staaten Jules (J) und Verne (V) streiten seit Jahrzehnten um ihren Grenzverlauf. Die Wirtschaft beider Staaten basiert zum Teil auf der Fischerei und dem Handel mit Fischen auf dem sie trennenden Grenzfluss. Der Fluss enthält übermäßig hohe Fischbestände, ansonsten aber kaum nutzbare Ressourcen. Auf einer Insel im Fluss steht zudem ein Tempel namens Nemo. Da der Tempel für beide Parteien von religiöser Bedeutung ist, streiten sie seit jeher um das Territorium der Insel. Nachdem die Streitigkeiten über die Nutzung des Flusses und das Territorium der Insel beinahe in einer Kriegserklärung von V münden, finden zwischen V und

J Verhandlungen über ein Abkommen statt, das die Nutzung und die Grenzziehung final regeln soll. Die Regierungen beider Staaten verfallen auch während der Verhandlungen in Streitereien. Schließlich einigen sie sich nur darauf, dass die Grenze zwischen ihren Staaten auf der Mittellinie des Flusses liegen soll und dass eine Kommission aus Abgesandten beider Staaten die restlichen Einzelheiten aushandeln soll. Im Laufe dieser Verhandlungen beauftragt die Kommission einen neutralen Sachverständigen damit eine Landkarte zu erstellen. Der Sachverständige zeichnet irrtümlich den Grenzverlauf nicht beständig auf der Mittellinie des Flusses ein und lässt die Grenze außerdem auf der westlichen Seite der Insel verlaufen. Als der Sachverständige die Landkarte bei der Kommission einreicht, befindet sich diese noch in hitziger Diskussion. Abgesandte beider Staaten blicken kurz auf die Landkarte, vertrauen aber dem Sachverständigen und legen sie daher schlicht den Akten bei. Im weiteren Verlauf der Diskussionen werden Insel und Tempel vergessen und finden sich im ausgehandelten Vertragstext nicht wieder. Der Vertragstext wird schließlich – mit der Landkarte des Sachverständigen als Anhang A – ohne Vorbehalte und ohne die Festlegung einer Vertragsdauer fixiert, auf Spanisch authentifiziert sowie von den Regierungschefs beider Staaten unterschrieben und sodann ratifiziert. Gem. Art. 10 des Abkommens sind die Anhänge Teil des Vertrages. Das Abkommen trifft auch in Kraft. Kurz danach veranstaltet der im Osten des Flusses gelegene Staat V in besagtem Tempel ein Fest, um die Gebietserweiterung gebührend zu feiern. Die Regierung von J ist entsetzt und entgegnet, eine solche Regelung habe sie niemals beabsichtigt. Über die Insel habe man schließlich gar nicht verhandelt.
Ist die Insel Teil des Staatsgebiets von V geworden?

Bearbeitervermerk: Es ist davon auszugehen, dass V und J die WVRK ratifiziert haben.

Abwandlung: Die Fischerei und der Handel mit Fischen werden im Abkommen grundsätzlich nicht geregelt. Genannt wird beides ausschließlich im Zusammenhang mit einer Regelung, die J dem V im Zuge der Vertragsverhandlungen vorgeschlagen hatte: V wird in Art. 4 des auf Spanisch verfassten Vertragsentwurfs das Recht zur Schifffahrt mit dem Zusatz „con objetos de comercio" und unter weitgehendem Ausschluss von Rechten der Fischerei und des Fischhandels zugestanden. V versteht den Zusatz weit i.S.v. „mit wirtschaftlicher Zielsetzung" (ohne dies gegenüber J zu erwähnen), sieht darin für sich einen wirtschaftlichen

Vorteil und ist einverstanden. Nach Inkrafttreten des Abkommens fasst die Regierung von V den Schluss, einigen nach seinem nationalen Recht zugelassenen privaten Unternehmen das Recht auf kommerziellen Personenverkehr auf dem Grenzfluss in vollem Umfang zuzugestehen. J ist damit nicht einverstanden und erklärt, der Zusatz „con objetos de comercio" sei eng zu verstehen i.S.v. „mit Gütern des Handels". Nur dieses Wortverständnis sei von ihm beabsichtigt gewesen. J verweist auch auf einen im Jahr 1858 geschlossenen Vertrag zwischen V und J, in dem das Wort „comercio" unstrittig zwischen beiden als „Handel" verstanden worden sei. V entgegnet, dies sei ohne Aussagekraft. Schließlich gäbe es eine weitere Regelung im Vertrag, die das Wort „objetos" enthielte, und dort würde die Bedeutung des Wortes von beiden Parteien als „Zielsetzung" verstanden. Ein Verweis auf den früheren Vertrag sei zudem unangebracht, weil dieser überwiegend den Transport von und den Handel mit Fischen geregelt habe.

Verstößt V mit der geplanten Maßnahme gegen Art. 4 des Abkommens?

Bearbeitervermerk: Es ist davon auszugehen, dass (i) beide Übersetzungen des Zusatzes möglich sind und (ii) die von den Staaten vorgetragenen Tatsachen zutreffen.

AUSGANGSFALL

Die Insel könnte nur aufgrund der Landkarte Teil von V's Staatsgebiet geworden sein. Dazu müsste der Anhang A wirksamer Bestandteil des Abkommens geworden sein und der zwischen V und J ausgehandelte Vertrag müsste wirksam geschlossen worden sein.

A. Anwendbare Regelungen

Die WVRK trifft Regelungen zur Wirksamkeit völkerrechtlicher Verträge und ist – da es sich vorliegend um einen schriftlichen Vertrag zwischen Staaten handelt und beide Staaten die WVRK ratifiziert haben – gem. Art. 1, 3 WVRK anwendbar.

B. Vertragsinhalt

Auf der Landkarte ist die Insel östlich der Grenze und somit auf dem Staatsgebiet von V eingezeichnet. Gem. Art. 10 des Abkommens ist diese Landkarte als Anhang A grundsätzlich Teil dieses Abkommens geworden. Zwar bringt J vor, dass er mit Abschluss des Vertrags nicht erreichen

LÖSUNG

Anwendbarkeit der WVRK

Auslegung des Vertragsinhalts

wollte, dass die Insel dem Staatsgebiet von V zugeordnet wird. Allerdings trifft Art. 29 WVRK die Regelung, dass ein Vertrag grundsätzlich jede Vertragspartei hinsichtlich ihres gesamten Hoheitsgebiets bindet, sofern keine abweichende Absicht aus dem Vertrag hervorgeht oder anderweitig festgestellt werden kann. Aus dem Vertrag selbst ist mangels einer Regelung zur Insel keine abweichende Absicht des Staates J erkennbar. Anderweitig festgestellt werden kann eine abweichende, ausdrücklich ausgesprochene Absicht von J nur nach Vertragsschluss, nicht aber davor. Allein der Umstand, dass die Insel zu Beginn der Vertragsverhandlungen für beide Seiten – und damit auch für J – wesentlich war, kann jedenfalls dazu nicht genügen. Eine Änderung von ursprünglichen Absichten ist bei Vertragsverhandlungen schließlich typisch.

> **KLAUSURHINWEIS**
> Ist ein völkerrechtlicher Vertrag Gegenstand einer Klausur, sind regelmäßig die **Willenserklärungen** der Vertragsparteien sowie der Vertragsinhalt **auszulegen**. Dies geschieht im Wesentlichen genauso wie bei einem zivilrechtlichen Vertrag.

C. Wirksamer Vertragsschluss
Den Vertragstext haben die Staaten V und J durch Unterschrift ihrer Regierungschefs – also durch Zustimmung i.S.v. Art. 9 I, 11, 12 I lit. a) WVRK – angenommen. Eine Vollmacht der Regierungschefs wird von Art. 7 II lit. a) Var. 2 WVRK fingiert. Auch haben beide Staaten das Abkommen ratifiziert.

D. Inkrafttreten des Vertrags
Das Abkommen ist auch in Kraft getreten, Art. 24 WVRK.

E. Gültigkeit des Vertrags
Ein Vertrag ist nur dann völkerrechtlich gültig, wenn kein Ungültigkeitsgrund i.S.v. Art. 46 ff. WVRK vorliegt. J könnte grundsätzlich einen Ungültigkeitsgrund nach den Art. 42 ff. WVRK durch Erklärung geltend machen. Vorliegend kommt allerdings nur der Ungültigkeitsgrund des Irrtums gem. Art. 48 I WVRK in Betracht. Danach kann ein Staat geltend machen, dass seine Zustimmung zum Vertrag ungültig ist, wenn sich der Irrtum auf eine Tatsache oder Lage bezieht, deren Bestehen der Staat zum Zeitpunkt des Vertragsschlusses annahm und die eine wesentliche Grundlage für seine Zustimmung bildete.

Ungültigkeit gem Art. 48 I WVRK?

Danach könnte J jedenfalls insoweit einem Irrtum unterlegen sein, dass es von einer Nichtregelung der Inselproblematik ausgegangen war, da weder die Regierungen von V und J noch die Kommissionsabgesandten ausdrücklich darüber diskutiert hatten, und dass dies eine wesentliche Grundlage für J's Zustimmung zum Vertrag gewesen sein könnte. Außerdem könnte J vorbringen, auf der Landkarte sei von dem Sachverständigen irrtümlich der Grenzverlauf nicht – wie ausgehandelt – auf der Mittellinie des Flusses eingezeichnet worden, sodass die Landkarte insgesamt nicht angewandt werden könne.

Eine Berufung auf diesen Irrtum könnte aber gem. Art. 48 II WVRK ausgeschlossen sein. Danach kann sich ein Staat nicht auf einen Irrtum berufen, wenn er durch sein eigenes Verhalten zu dem Irrtum beigetragen hat oder nach den Umständen mit der Möglichkeit eines Irrtums rechnen musste. Vorliegend beabsichtigten beide Parteien, mit dem Vertrag eine finale Regelung bezüglich ihrer Grenzziehung zu treffen, um einen drohenden Krieg zu vermeiden. Dabei war gerade die Insel und der sich darauf befindende Tempel eines der zwei anhaltenden Streitthemen zwischen V und J. Da ausgerechnet dieses Streitthema nicht angesprochen wurde, hätte die Regierung von J durchaus mit der Möglichkeit eines Irrtums rechnen müssen und hätte das Thema während der langen Verhandlungen auch selbst ansprechen können. Weiterhin hatten die Abgesandten von J selbst einen Blick auf die Landkarte geworfen und sodann im Vertragstext die Landkarte zum Teil des Vertrags erklärt. Durch dieses Verhalten hat J also letztlich zu der Entstehung des Irrtums beigetragen. J kann sich daher gem. Art. 48 II WVRK nicht auf den Irrtum berufen.

Ausschluss einer Ungültigkeit gem. Art. 48 II WVRK

F. Fortfall der Vertragsbindung
Ein Grund für den Fortfall der Vertragsbindung ist nicht ersichtlich.

G. Ergebnis
Das Abkommen zwischen V und J wurde wirksam geschlossen. Die Insel ist Teil von V's Staatsgebiet geworden.

LÖSUNG ABWANDLUNG

Auslegung des Vertragsinhalts

Ob V mit der geplanten Maßnahme gegen Art. 4 des Abkommens verstößt, hängt davon ab, ob kommerzieller Personenverkehr von dem darin enthaltenen Recht zur Schifffahrt „con objetos de comercio" umfasst ist. Müsste man diesen Zusatz eng i.S.v. „mit Gütern des Handels" verstehen, würde kommerzieller Personenverkehr – da Personen offensichtlich keine Handelsgüter darstellen – nicht unter das V verliehene Recht fallen. Würde man den Zusatz hingegen weit i.S.v. „mit wirtschaftlicher Zielsetzung" verstehen, spräche nichts dagegen, kommerziellen Personenverkehr unter das Recht nach Art. 4 des Abkommens zu fassen. Mithin ist der genannte Zusatz dahingehend auszulegen, ob kommerzieller Personenverkehr von ihm umfasst ist.

Auslegungsregeln der Art. 31 ff. WVRK

Art. 31 ff. WVRK treffen Regelungen zu der Auslegung von Verträgen und sind vorliegend anwendbar (s.o.). Nach Art. 31 WVRK ist ein Vertrag nach Treu und Glauben in Übereinstimmung mit der gewöhnlichen, seinen Bestimmungen in ihrem Zusammenhang zukommenden Bedeutung und im Sinne seines Zieles und Zwecks auszulegen. Danach bestehen zur Erforschung des wirklichen Willens der Vertragsparteien grundsätzlich drei Auslegungsgrundsätze: Wortlaut, Systematik und Teleologie der jeweiligen Norm.

Wortlaut

Der Wortlaut hilft im vorliegenden Fall nicht weiter. Beide Übersetzungsmöglichkeiten sind gut vertretbar. Außerdem wurde der Vertragstext ausschließlich auf Spanisch i.S.v. Art. 10 WVRK authentifiziert, sodass auch Art. 33 WVRK nicht anwendbar ist.

Systematik

Innerhalb einer systematischen Auslegung ist zunächst auf die andere Regelung im Vertrag einzugehen, die ebenfalls das Wort „objetos" enthält und in der dieses Wort von beiden Parteien als „Zielsetzung" verstanden wird. Davon, dass ein Begriff innerhalb desselben Vertrages zwei so unterschiedliche Bedeutungen wie „Güter" und „Zielsetzung" haben soll, kann nicht ohne Weiteres ausgegangen werden. Dies spricht für die weite Auslegung des Begriffs im Sinne von V. Dagegen spricht hingegen grundsätzlich der zwischen den Parteien 1858 geschlossene Vertrag, der ebenfalls wie der vorliegende Vertrag das Wort „comercio" enthält. Bezüglich dieses Vertrages wurde das Wort unstrittig als „Handel" und somit nicht als „wirtschaftlich" verstanden. Allerdings betraf der damalige Vertrag

2. FALL: WO LIEGT NEMO? 45

den Handel und den Transport von Fischen. Gerade der Fischhandel und Fischereirechte sind von dem nun geschlossenen Abkommen aber ausgenommen. Außerdem ist es beiden Parteien ein besonderes Anliegen, den Fluss zur Ausübung von Fischereirechten und des Fischhandels zu nutzen, da er – abgesehen von den Fischbeständen – keine nennenswerten Ressourcen enthält. Würde man also „comercio" hier als „Handel" und nicht als „wirtschaftlich" verstehen und damit kommerziellen Personenverkehr vom Anwendungsbereich des Art. 4 des Abkommens ausnehmen, wäre der Anwendungsbereich dieser Norm und des darin dem Staat V verliehenen Rechts äußerst gering. Davon, dass dies von den Parteien beabsichtigt war, kann aufgrund der langwierigen Vertragsverhandlungen zwischen ihnen und insbesondere aufgrund der Tatsache, dass J dem V das zusätzliche Recht ausdrücklich anbot, um einen Vertragsschluss zu erwirken, nicht ausgegangen werden.

Auch kann im Sinne einer teleologischen Auslegung nicht angenommen werden, dass einer Vertragspartei ein vertragliches Recht zugestanden wird, das gleichsam inhaltsfrei wäre – insbesondere da der Vertrag geschlossen wurde, ohne dass eine Vertragsdauer festgelegt worden ist. Zusätzlich zu den Auslegungsregeln des Art. 31 WVRK gilt zudem die völkergewohnheitsrechtliche Auslegungsregel des sog. **effet utile-Prinzips**. Danach ist diejenige Auslegungsvariante zu wählen, durch die Vertragsregelungen am effektivsten angewandt werden können. Art. 4 des Abkommens hätte – würde man die enge Auslegungsvariante wählen – kaum einen Anwendungsbereich. Dies stünde einer effektiven Anwendung der Regelungen des Abkommens gerade entgegen.

Sinn und Zweck/ Teleologie

Insgesamt ist daher der Zusatz „con objetos de comercio" weit i.S.v. „mit wirtschaftlicher Zielsetzung" zu verstehen. V würde also mit der geplanten Maßnahme nicht gegen Art. 4 des Abkommens verstoßen.

> **KLAUSURHINWEIS**
> Auch hier zeigt sich nochmals, dass völkerrechtliche Verträge in Klausuren ganz genau mittels der Auslegungsmethoden zu interpretieren sind.

FALLENDE

2. Teil – Völkergewohnheitsrecht, Art. 38 I lit. b) IGH-Statut

Voraussetzungen für die Entstehung von Völkergewohnheitsrecht sind:

- Staatenpraxis/Allgemeine Übung
- Opinio juris/Rechtsüberzeugung

BEISPIELE für Völkergewohnheitsrecht: Verbot des Angriffskriegs, Verbot des Völkermords.

A. Staatenpraxis/Allgemeine Übung

Staatenpraxis/Allgemeine Übung

DEFINITION
Die sog. **Staatenpraxis** oder **Allgemeine Übung** bezeichnet jede Aussage und jedes Handeln eines Staates, von der bzw. dem Ansichten bezüglich des Völkergewohnheitsrechts abgeleitet werden können.

Voraussetzungen

Die Staatenpraxis hat die folgenden Voraussetzungen:

I. (FORT-) DAUER

Zeitelement

Im Völkerrecht gibt es kein starres Zeitelement, das eingehalten werden müsste, um die Staatenpraxis für eine völkergewohnheitsrechtliche Regel nachzuweisen. Tatsächlich entwickelten sich solche Regeln teils langsam, teils sehr schnell. Das Völkergewohnheitsrecht ist aber jedenfalls allgemeingültig. Eine solche Allgemeingültigkeit setzt jedoch auch eine gewisse Zeitspanne zur Entwicklung einer Regel voraus.

Strittig:
Spontanes Völkergewohnheitsrecht

Entsprechend dieser schwierigen Abgrenzung ist sehr strittig, ob sich völkergewohnheitsrechtliche Regelungen sogar spontan entwickeln können. Eine Meinung lehnt dies mit dem Argument ab, dass ein Konsens gerade nicht spontan entstehen könne, sondern schon wegen der entsprechenden Diskussionen eine gewisse Weile zur Entstehung brauche. Nichtsdestotrotz hat der IGH selbst die Gültigkeit einer völkergewohnheitsrechtlichen Regelung erklärt, die gerade erst entstanden sei. Dementsprechend nimmt die wohl h.M. an, dass sich Völkergewohnheitsrecht zumindest in Einzelfällen spontan entwickeln kann.

QUELLEN DES VÖLKERRECHTS 47

MERKSATZ
Nach h.M. kann sich Völkergewohnheitsrecht in Einzelfällen spontan entwickeln.

BEISPIEL: IGH-Fall North Sea Confidential Shelf (1969), in dem es darum ging, ob eine Aufteilung des Festlandsockels in der Nordsee zwischen Dänemark, Deutschland und den Niederlanden aufgrund des Äquidistanzprinzips erfolgen müsse. Dieses Prinzip besagt, dass eine Grenze so zu ziehen ist, dass die Küsten der beteiligten Staaten die gleiche Distanz dazu aufweisen. Deutschland argumentierte, dieses Prinzip sei zwar in Art. 6 II der Genfer Festlandsockelkonvention (1958) niedergelegt, Deutschland selbst habe diese Konvention aber gerade nicht ratifiziert und sei daher nicht daran gebunden. Dänemark und die Niederlande hingegen behaupteten, dieses Prinzip sei bereits Teil des Völkergewohnheitsrechts geworden, an das somit auch Deutschland gebunden sei. Der IGH lehnte die völkergewohnheitsrechtliche Geltung des Prinzips aufgrund dazu nicht ausreichender opinio juris und Staatenpraxis ab, erklärte aber ausdrücklich, dass es zur Bildung von Völkergewohnheitsrecht keiner langen Dauer bedürfe, soweit zumindest eine gewisse Intensität an Staatenpraxis festgestellt werden könne.

II. BESTÄNDIGKEIT UND WIEDERHOLUNG
Die Staatenpraxis setzt schon begrifflich in gewisser Weise voraus, dass sie beständig und wiederholt angewandt wird. Eine Regelung muss gleichwohl von einem Staat nicht in jedem Fall und auch nicht immer in genau derselben Art und Weise angewandt werden, um eine Staatenpraxis zu bilden.

Keine permanente Anwendung erforderlich

BEISPIEL: So erklärte der IGH im Fall Nicaragua (1986), es könne nicht erwartet werden, dass Staaten einer Regel kontinuierlich („with complete consistency") folgen. Es sei stattdessen ausreichend, wenn der Regel zumindest grundsätzlich gefolgt werde (vgl. ebenso die Fälle Asylum (1950) und North Sea Confidential Shelf (1969)).

III. ALLGEMEINGÜLTIGKEIT
Die Allgemeingültigkeit einer Regel setzt nicht voraus, dass jeder existierende Staat ihr zustimmt. So gibt es durchaus auch regional geltendes Völkergewohnheitsrecht.

Regionales Völkergewohnheitsrecht

BEISPIEL: Europäische Standards bezüglich Menschenrechten; Verbot der Todesstrafe in manchen Weltregionen

Entscheidend: Signifikante Opposition

Stattdessen kommt es darauf an, ob es eine signifikante Opposition zu einer Regel gibt. Hierbei sind aber auch Macht und Rolle des jeweiligen Staates entscheidend.

BEISPIEL: Der damalige Vizepräsident des IGH Schwebel nahm im Fall Nuclear Weapons (1996) in seinem Minderheitsvotum an, eine Staatenpraxis sei gegeben, weil die fünf größten Weltmächte ihr regelmäßig folgten.

B. Opinio juris/Rechtsüberzeugung

Opinio juris

> **DEFINITION**
> Die sog. **opinio juris** (Abkürzung für *opinio juris sive necessitatis*) ist die Überzeugung von Völkerrechtsubjekten, zu einem bestimmten Verhalten verpflichtet zu sein.

Nachweise

Sie wird zumeist durch Arbeiten von internationalen Organisationen und der UN-Völkerrechtskommission (International Law Commission, im Folgenden: ILC) nachgewiesen. Insbesondere werden Resolutionen der UN-Generalversammlung hierzu herangezogen.

ILC

Persistent objector-Regel

Stillschweigen und billigende Inkaufnahme sind insoweit grundsätzlich ausreichend, da im Völkerrecht die sog. **persistent objector-Regel** gilt. Dieser zufolge gilt eine völkerrechtliche Regelung nur dann nicht für ein Völkerrechtssubjekt, wenn es jeder Anwendung der Regel ab ihrer Entstehung widersprochen hat.

BEISPIEL: Fortdauernder Protest von Kuba gegen den US-Stützpunkt Guantanamo Bay.

Strittig ist insofern, ob diese Regel auch für neu entstehende Staaten gilt. Einer M.M. zufolge dürfe dies nicht der Fall sein, da neu entstehende Staaten ansonsten gegenüber den Bestehenden benachteiligt würden. Die h.M. hingegen verweist auf die Rechtsunsicherheit, die durch so eine Annahme entstehen würde. Neu entstehende Staaten könnten so jeder bestehenden völkergewohnheitsrechtlichen Regel widersprechen. Außerdem bedeute der bedingungslose Aufbau von Beziehungen zu anderen Staaten zugleich die Akzeptanz der Totalität des Völkerrechts und damit aller völkergewohnheitsrechtlichen Regelungen.

MERKSATZ
Völkergewohnheitsrecht gilt in vollem Umfang auch für neu entstehende Staaten.

3. Teil – Besondere Rechtsquellen

MERKSATZ
Im Verhältnis zu völkerrechtlichen Verträgen und Völkergewohnheitsrecht sind alle anderen (möglicherweise oder sicher bestehenden) Rechtsquellen subsidiär.

A. Allgemeine Rechtsgrundsätze, Art. 38 I lit. c) IGH-Statut

DEFINITION
Allgemeine Rechtsgrundsätze i.S.v. Art. 38 I lit. c) IGH-Statut sind Regeln, die aus allgemeinen Prinzipien herrühren, und insbesondere Regelungen, die generell von allen nationalen Rechtssystemen akzeptiert werden.

Allgemeine Rechtsgrundsätze

Maßgeblich sind die großen Rechtskreise, vgl. Art. 9 IGH-Statut. Verglichen wird das Privatrecht, da es sich beim Privatrecht wie beim Völkerrecht um Recht zwischen potenziell gleichberechtigten Partnern handelt.

BEISPIEL: Zahlung von Schadensersatz, Grundsatz von Treu und Glauben, Erstattung ungerechtfertigter Bereicherung.

Viele dieser Grundsätze sind inzwischen verschriftlicht worden. So kodifiziert beispielsweise die WVRK überwiegend allgemeine Rechtsgrundsätze.

BEISPIEL: Der Grundsatz pacta sunt servanda ist zur Sicherstellung der Funktionsfähigkeit des nationalen Vertragsrechts in allen Rechtsordnungen anerkannt und somit ein allgemeiner Rechtsgrundsatz. Auch ist der Grundsatz in Art. 26 WVRK kodifiziert und zudem aufgrund von entsprechender opinio juris und Staatenpraxis als Völkergewohnheitsrecht anerkannt.

KLAUSURHINWEIS
Bevor in einer Klausur ein allgemeiner Rechtsgrundsatz zur Falllösung herangezogen wird, sollte aufgrund der Subsidiarität (s.o.) darüber nachgedacht werden, ob der Grundsatz nicht auch in völkerrechtlichen Verträgen – insbesondere der WVRK – oder Völkergewohnheitsrecht enthalten ist.

Allgemeine Rechtsgrundsätze werden überwiegend zum Füllen von Rechtslücken oder als Auslegungshilfe herangezogen, denn als eigenständige Rechtsgrundlage.

B. Spezialfall: ius cogens
Eine weitere besondere Rechtsquelle ist das *ius cogens*. Siehe hierzu 5. Kapitel, 6. Teil.

C. Entscheidungen internationaler Gerichte und Lehrmeinung, Art. 38 I lit. d) IGH-Statut

Keine Rechtsquelle — Auch Entscheidungen internationaler Gerichte (= IGH) werden, ebenso wie die Lehrmeinung der fähigsten Völkerrechtler (= ILC), in Art. 38 I lit. d) IGH-Statut genannt. Allerdings werden sie allgemein nicht als eigenständige Rechtsquelle herangezogen. Ihre Funktion wird eher in der Schilderung und Interpretation des Völkerrechts – dabei insbesondere in der Identifikation des Völkergewohnheitsrechts und allgemeiner Rechtsgrundsätze – gesehen. Allerdings haben vor allem IGH-Entscheidungen durch diese Identifikations- und Auslegungsfunktion durchaus einen hohen Stellenwert in der Fortentwicklung des Völkerrechts.

MERKSATZ
Art. 38 I lit. d) IGH-Statut bezeichnet keine echte Rechtsquelle, sondern Rechtserkenntnisquellen.

D. Einseitige Rechtsakte

> **DEFINITION**
> Ein **einseitiger Rechtsakt** ist die Willenserklärung eines oder mehrerer Völkerrechtssubjekte darüber, dass ganz bestimmte, durch sie beabsichtigte Rechte und Pflichten einseitig im Völkerrecht begründet werden sollen.

Einseitige Rechtsakte

Wichtigstes Element ist beim einseitigen Rechtsakt, dass die völkerrechtliche Rechtskraft der Willenserklärung durch das Völkerrechtssubjekt auch eindeutig beabsichtigt ist.

Entscheidend: Beabsichtigte Rechtskraft

Einseitige Rechtsakte werden in selbstständige einseitige Rechtsakte und unselbstständige einseitige Rechtsakte unterschieden.

Selbständige und unselbständige einseitige Rechtsakte

BEISPIELE: Ein selbständiger einseitiger Rechtsakt ist die Anerkennung eines Staates. Ein unselbständiger einseitiger Rechtsakt ist der Vorbehalt zu einem völkerrechtlichen Vertrag.

E. Soft law

Das sog. „**soft law**" ist ein Oberbegriff für bestimmte, nicht bindende Instrumente, Dokumente und Vertragsregelungen.

BEISPIELE: Absichtserklärungen innerhalb von internationalen Konferenzen oder Vertragsentwürfe.

Da sich die daran beteiligten Parteien in solchen Situationen nicht verbindlich auf den Vollzug gewisser Regelungen festlegen wollen, stellt das *soft law* kein Recht („*hard law*") dar, sondern vielmehr eine Art Feststellung von Richtlinien und Leitsätzen, die eventuell in legal bindende Regelungen umgeformt werden oder werden können. In dieser Art und Weise trägt das *soft law* zur Entwicklung des Völkerrechts bei und prognostiziert zukünftige Entwicklungen und Verhaltensweisen in internationalen Beziehungen.

Kein Recht

Hoch umstritten ist im Völkerrecht hingegen der Begriff des *soft law* an sich. Teilweise wird vorgebracht, dieser Begriff sei missverständlich, da er aufgrund des Wortes „law" die Verbindlichkeit der von ihm umfassten Instrumente, Dokumente und Vertragsregelungen vortäusche. Nichtsdestotrotz wird der Begriff überwiegend verwendet.

> **MERKSATZ**
> „**Soft law**" ist kein Recht, kann aber einmal Recht werden.

F. Resolutionen der UN-Generalversammlung

Strittig: Charakter als Rechtsquelle

Ob überhaupt und inwiefern Resolutionen der UN-Generalversammlung eine Rechtsquelle des Völkerrechts darstellen, ist umstritten. Einer Ansicht nach indizieren sie zumindest allgemeine Rechtsgrundsätze und stellen insoweit eine Rechtsquelle i.S.v. Art. 38 I lit. d) IGH-Statut dar. Die Resolutionen sind dieser Meinung zufolge nur nicht in Art. 38 I IGH-Statut aufgenommen worden, weil es sie zur Zeit seiner Normierung noch nicht gegeben habe. Eine zweite Auffassung differenziert zwischen Resolutionen auf der einen und Erklärungen auf der anderen Seite. Erstere seien offiziell nicht bindend und könnten daher keine Rechtsquelle sein. Letztere aber würden erst nach jahrelangen Verhandlungen angenommen und seien allein dadurch bindend. Allerdings spricht gegen beide Meinungen, dass alle Entscheidungen der UN-Generalversammlung offiziell eben nicht als bindend verabschiedet werden. Der h.M. zufolge sind die Resolutionen daher ein Beitrag zur Begründung von Völkergewohnheitsrecht im Sinne des *soft law*. Insofern stellen die Resolutionen selbst eine

H.M.: „Soft law"

kollektive Staatenpraxis und die staatlichen Erklärungen vor und nach der Verabschiedung der Resolutionen *opinio juris* dar. Auch der IGH entnahm im Fall *Nicaragua* (1986) der dort einschlägigen Resolution den Nachweis für *opinio juris* und äußerte sich ähnlich im Fall *Nuclear Weapons* (1996).

> **MERKSATZ**
> **Resolutionen der UN-Generalversammlung** sind nach h.M. kein Recht, sondern nur „soft law".

G. Resolutionen des UN-Sicherheitsrates

Uneinigkeit besteht zudem auch im Hinblick auf den Status der Resolutionen des UN-Sicherheitsrates als Rechtsquelle. Da manche dieser Resolutionen (insbes. solche, die der Bekämpfung des Terrorismus dienen) sowohl abstrakt als auch generell sind, betrachtet eine M.M. diese als eine Art „Weltgesetz". Die h.M. hingegen lehnt dies strikt ab. Dem Einwand der h.M., dass es äußerst gefährlich sei, dem Sicherheitsrat eine solch weitreichende Kompetenz zuzusprechen, entgegnet die erstgenannte Ansicht, dass der Sicherheitsrat nur der Friedenssicherung diene und auch er das Verhältnismäßigkeitsprinzip anwenden müsse, seine Kompetenz insofern also doch stark eingeschränkt sei. Nichtsdestotrotz ist der Sicherheitsrat insbesondere angesichts der fünf permanenten Mitglieder ein nicht demokratisch gewähltes und nicht repräsentatives Organ. Er erfüllt somit nicht die Voraussetzungen eines Legislativorgans. Zudem argumentiert die h.M., dass eine solche Kompetenz nur auf Art. 24 i.V.m. Art. 39, 41 UNC begründet werden könne, mit dem Wortlaut dieser Vorschriften aber nicht vereinbar sei. Auch seien allgemeine Pflichten, die den Mitgliedstaaten in solchen Resolutionen auferlegt würden, für den Begriff „Maßnahmen" i.S.d. Art. 39, 41 UNC ebenfalls zu weit gefasst.

Strittig: Charakter als Rechtsquelle

MERKSATZ
Resolutionen des UN-Sicherheitsrats sind nach h.M. keine selbstständige Völkerrechtsquelle.

VÖLKERRECHT UND NATIONALES RECHT

A. Völkerrechtsfreundlichkeit des Grundgesetzes

I. HINTERGRUND, HERLEITUNG, RECHTSFOLGEN

Hintergrund

Die Völkerrechtsfreundlichkeit des Grundgesetzes ist Ausdruck des Wunsches die Bundesrepublik Deutschland nach dem Zweiten Weltkrieg wieder zu einem anerkannten Mitglied der Staatengemeinschaft werden zu lassen sowie künftig dem Frieden und den Menschenrechten zu dienen. Gleichzeitig trägt die Völkerrechtsfreundlichkeit des Grundgesetzes der wachsenden Verflechtung der Staatenwelt und ihrer Rechtsordnungen Rechnung.

Herleitung

Die Völkerrechtsfreundlichkeit des Grundgesetzes ergibt sich aus einer Gesamtschau von verschiedenen Normen des Grundgesetzes. Bereits die Präambel des Grundgesetzes verweist auf die Verpflichtung *„dem Frieden der Welt zu dienen"*. Auch an symbolischer Stelle in Art. 1 II GG ist das Bekenntnis des deutschen Volks *„zu den unverletzlichen und unveräußerlichen Menschenrechten als Grundlage jeder menschlichen Gemeinschaft, des Friedens und der Gerechtigkeit in der Welt"* verankert. Art. 9 II GG enthält das Verbot von Vereinigungen, die sich *„gegen den Gedanken der Völkerverständigung richten"*. Art. 25 S. 1 GG erklärt die allgemeinen Regeln des Völkerrechts zu einem Bestandteil des Bundesrechts. Art. 26 I GG deklariert Handlungen, die das friedliche Zusammenleben der Völker stören, insbesondere den Angriffskrieg, als verfassungswidrig.

Rechtsfolgen

Das Bekenntnis zu Frieden und Menschenrechten im Grundgesetz verpflichtet Deutschland einerseits zur aktiven Teilnahme an der Friedenspolitik und zur Kooperation mit der Völkerrechtsgemeinschaft. Andererseits entfaltet die Völkerrechtsfreundlichkeit des Grundgesetzes auch innerstaatlich rechtliche Wirkungen. D.h. nationale Gesetze einschließlich des Grundgesetzes sind im Einklang mit den völkerrechtlichen Verpflichtungen Deutschlands auszulegen und anzuwenden.

BEISPIEL: Die Grundrechte des Grundgesetzes sind im Lichte der EMRK auszulegen und anzuwenden.

Das gilt nur dann nicht, wenn das deutsche Recht eindeutig nicht völkerrechtskonform ausgelegt werden kann.

BEISPIEL: Der EGMR billigt bestimmten Beamten gestützt auf die EMRK ein Streikrecht zu. Das widerspricht jedoch Art. 33 V GG, zu dessen „hergebrachten Grundsätzen des Berufsbeamtentums" ein absolutes Streikverbot zählt. Daher vermag das Völkerrecht hier die deutsche Rechtslage nicht zu beeinflussen.

Die Menschenrechtsstandards des zwingenden Völkergewohnheitsrechts sind sogar als Teil der deutschen Verfassungsordnung anzusehen.

Völkerrechtliche Ansprüche können andere Völkerrechtssubjekte aus diesen Zielbestimmungen jedoch nicht herleiten.

Keine Wirkung für andere Völkerrechtssubjekte

> **MERKSATZ**
> Die Gesamtschau der Normen des Grundgesetzes zeigt dessen Völkerrechtsfreundlichkeit. Daraus folgt, dass bei der Auslegung und Anwendung des gesamten deutschen Rechts so weit wie möglich die Vorgaben des Völkerrechts zu berücksichtigen sind.

II. ÜBERTRAGUNG VON HOHEITSRECHTEN
Das Grundgesetz ist sehr offen konzipiert für die Übertragung von Hoheitsgewalt auf zwischenstaatliche Einrichtungen und Systeme kollektiver Sicherheit. Ursprünglich fand die Integration Deutschlands in die Europäischen Gemeinschaften seine Grundlage in Art. 24 I GG, der allgemein die Rechtsgrundlage für die Übertragung von Hoheitsrechten auf zwischenstaatliche Einrichtungen darstellt. Später wurde der speziellere „Europa-Artikel" des Art. 23 GG geschaffen, um die weitergehende Integration Deutschlands in die Europäische Union zu ermöglichen.

EU

Art. 24 II GG ist Rechtsgrundlage für den Beitritt Deutschlands zu Systemen kollektiver Sicherheit.

UN

System kollektiver Sicherheit

DEFINITION
Ein **System kollektiver Sicherheit** verfolgt das Ziel der Wahrung des Friedens zwischen den Mitgliedstaaten und enthält zu diesem Zweck interne Streitschlichtungsinstrumente und ein Organ oder einen Mechanismus, dem die Mitgliedstaaten die Befugnis übertragen, auf eine Aggression oder anderen Rechtsbruch eines Mitglieds mit Zwangsmaßnahmen zu antworten.

BEISPIEL: Beitritt der BRD zur UN, der am 18.09.1973 erfolgte.

NATO

Fraglich ist, ob auch die NATO (= North Atlantic Treaty Organization) als ein solches System anzusehen ist, da es sich um ein Verteidigungsbündnis handelt. Im Falle eines bewaffneten Angriffs auf einen Mitgliedstaat verpflichtet der NATO-Vertrag die anderen Mitgliedstaaten zur kollektiven Selbstverteidigung. Vorrangig ist nach dem NATO-Vertrag allerdings das Bemühen um eine friedliche Streitbeilegung. Insgesamt handelt es sich bei der NATO um ein defensives Verteidigungsbündnis, das der Friedenssicherung dient. Daher subsumiert die h.M. die NATO unter Art. 24 II GG, qualifiziert sie also als System gegenseitiger kollektiver Sicherheit.

MERKSATZ
Deutschland kann Hoheitsrechte auf zwischenstaatliche Einrichtungen und internationale Organisationen übertragen. Für die EU folgt dies aus Art. 23 I GG, für die UN und die NATO aus Art. 24 II GG.

Art. 24 III GG irrelevant

Die Regelung des Art. 24 III GG ist bislang ohne praktische Bedeutung geblieben, da bisher kein derartiges obligatorisches Schiedsgericht geschaffen wurde, dem die BRD beitreten könnte.

Auch Art. 25 I 2 GG ist Ausdruck der Völkerrechtsfreundlichkeit des Grundgesetzes. Denn nach dieser Regelung steht das allgemeine Völkerrecht, also das Völkergewohnheitsrecht und die allgemeinen Rechtsgrundsätze, im Geltungsrang über den Bundesgesetzen.

B. Verhältnis zwischen Völkerrecht und innerstaatlichem Recht

Vorab ist klarzustellen, dass das Völkerrecht zunächst einmal nur zwischen den Völkerrechtssubjekten gilt. Insbesondere mit Blick auf die Staaten als „geborene" Völkerrechtssubjekte bedeutet dies, dass das Völkerrecht zwischen den Staaten, aber nicht unbedingt in den Staaten gilt.

BEISPIEL: Haben zwei Staaten einen völkerrechtlichen Vertrag geschlossen, müssen sie die vereinbarten Vertragspflichten beachten. Für die Bürger dieser Staaten gelten die Vertragspflichten hingegen auf den ersten Blick nicht, weil sie nicht die Vertragspartner sind.

Vor diesem Hintergrund ist fraglich, wie das Völkerrecht und das innerstaatliche Recht zueinander stehen und insbesondere, ob das Völkerrecht innerstaatliche Wirkungen entfaltet. Die **monistische Theorie** sah Völkerrecht und nationales Recht als Teile einer einheitlichen Gesamtrechtsordnung mit dem Primat des Völkerrechts. Dagegen sah die **dualistische Theorie** die beiden Elemente als eigenständige Rechtsordnungen mit eigenen Rechtsquellen und Instrumenten zur Rechtsdurchsetzung. Letztlich durchgesetzt hat sich ein **gemäßigter Dualismus**, wonach Völkerrecht und nationales Recht grundsätzlich eigenständig sind, es aber zu zahlreichen Verflechtungen kommt. Das Völkerrecht gilt danach innerstaatlich nur, wenn es einen innerstaatlichen Rechtsanwendungsbefehl gibt (sog. **Transformation**). Völkerrechtswidriges innerstaatliches Recht bleibt deshalb wirksam, allerdings tritt eventuell eine Haftung gegenüber anderen Völkerrechtssubjekten ein. Umgekehrt ist eine völkerrechtliche Verpflichtung unabhängig vom nationalen Recht.

Monistische Theorie

Dualistische Theorie

Gemäßigter Dualismus

Transformation = Umsetzung von Völkerrecht in nationales Recht

BEISPIEL: Verstößt eine Vorschrift des deutschen Steuerrechts gegen ein internationales Steuerabkommen, kann das zu Sanktionen der Vertragspartner führen. Das ändert aber nichts an der innerstaatlichen Wirksamkeit der Vorschrift.

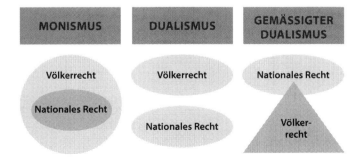

C. Geltungsgrund und Geltungsrang des Völkerrechts

DEFINITION

Geltungsgrund

Geltungsgrund meint den Grund, warum das Völkerrecht innerstaatlich gilt.

Geltungsrang

Geltungsrang beschreibt die Stellung, die das Völkerrecht in der innerstaatlichen Normenhierarchie hat.

Wie bereits gezeigt, ist der Geltungsgrund die Transformation (s.o. 3. Kapitel, 1. Teil, B.). Der Geltungsrang richtet sich danach, mit welchem Rechtsakt die Transformation erfolgte.

BEISPIEL: Erfolgt die Transformation per Parlamentsgesetz, hat das transformierte Völkerrecht in der Normenhierarchie auch die Stellung eines Parlamentsgesetzes.

„Parlamentsgesetz" und „formelles Gesetz" sind synonym

MERKSATZ

Völkerrecht hat innerstaatlich immer die Stellung des **Transformationsgesetzes**.

Die **Normenhierarchie** sieht wie folgt aus:

- Europarecht
- Grundgesetz
- Formelles Bundesrecht (= Gesetze, die vom Bundestag stammen)
- Materielles Bundesrecht (= Gesetze, die von der Bundesverwaltung stammen)
- Landesverfassung
- Formelles Landesrecht (= Gesetze, die vom Landtag stammen)
- Materielles Landesrecht (= Gesetze, die von der Landesverwaltung stammen).

I. INNERSTAATLICHE GELTUNG VON VÖLKERRECHTLICHEN VERTRÄGEN IN DEUTSCHLAND

1. Bedeutung des Art. 59 II 1 GG

Die innerstaatliche Geltung völkerrechtlicher Verträge regelt Art. 59 II 1 GG. Danach bedürfen bestimmte Verträge, nämlich diejenigen i.S.v.

Art. 59 II 1 GG, einer parlamentarischen Zustimmung „in der Form eines Bundesgesetzes". D.h. Bundestag und Bundesrat müssen dem Vertrag per Gesetz zustimmen (sog. **Zustimmungs- bzw. Vertragsgesetz**). Bei allen anderen völkerrechtlichen Verträgen bedarf es der parlamentarischen Zustimmung nicht, d.h. sie können von der Bundesregierung alleine geschlossen werden.

Zustimmungs- bzw. Vertragsgesetz i.S.v. Art. 59 II 1 GG

> **MERKSATZ**
> Die **parlamentarische Zustimmung** in den Fällen des Art. 59 II 1 GG hat **vor** der **Ratifikation** (s.o. 2. Kapitel, 1. Teil, A., II., 2.) des völkerrechtlichen Vertrags zu erfolgen, um die Rechte des Parlaments zu wahren.

Das Zustimmungs- bzw. Vertragsgesetz i.S.v. Art. 59 II 1 GG beinhaltet auch den Rechtsanwendungsbefehl, sorgt also für die Transformation des völkerrechtlichen Vertrags in das innerstaatliche Recht. Das hat zur Folge, dass der völkerrechtliche Vertrag innerstaatlich auf der Stufe eines Parlamentsgesetzes steht.

Alle Verträge, die nicht dem Anwendungsbereich des Art. 59 II 1 GG unterfallen, haben innerstaatlich den Rang des Transformationsaktes.

BEISPIEL: Erfolgt die Transformation per Rechtsverordnung oder Satzung, steht der völkerrechtliche Vertrag innerstaatlich auf der Stufe einer Rechtsverordnung bzw. Satzung.

Rechtsverordnung und Satzung sind materielles Recht

> **MERKSATZ**
> Im Anwendungsbereich des Art. 59 II 1 GG haben völkerrechtliche Verträge innerstaatlich die Stellung eines Parlamentsgesetzes.

2. Anwendungsvoraussetzungen des Art. 59 II 1 GG
Art. 59 II 1 GG erfasst völkerrechtliche Verträge, welche die politischen Beziehungen des Bundes regeln oder sich auf Gegenstände der Bundesgesetzgebung beziehen.

Politische Beziehungen des Bundes

> **DEFINITION**
> **Verträge über politische Beziehungen** sind Verträge, die nach Inhalt und Zweck wesentlich und unmittelbar den Bestand des Staates und dessen Stellung und Gewicht innerhalb der Staatengemeinschaft betreffen.

BEISPIELE: Beitritt Deutschlands zur Charta der Vereinten Nationen; der Zwei-plus-Vier-Vertrag, der den Weg zur Wiedervereinigung ebnete.

Gegenstände der Bundesgesetzgebung

> **DEFINITION**
> Das Merkmal „**Gegenstände der Bundesgesetzgebung**" ist einschlägig, wenn der Vollzug des völkerrechtlichen Vertrages allein durch ein formelles Gesetz möglich ist.

Ein formelles Gesetz ist dann erforderlich, wenn der Inhalt des völkerrechtlichen Vertrages so wesentlich ist, dass er innerstaatlich nur per Parlamentsgesetz geregelt werden dürfte (**Wesentlichkeitstheorie**). Das ist vor allem dann der Fall, wenn mit dem Vertrag erhebliche Grundrechtseingriffe verbunden sind.

> **MERKSATZ**
> Bei dem Merkmal „Gegenstände der Bundesgesetzgebung" geht es nicht um die Abgrenzung der Gesetzgebungskompetenz am Maßstab der Art. 70 ff. GG, sondern um die Abgrenzung der Gesetzgebung von der Verwaltung anhand der sog. **Wesentlichkeitstheorie**.

Für die Anwendbarkeit einer Norm eines völkerrechtlichen Vertrags ist neben der Transformation weiterhin der zusätzliche Aspekt der Bestimmtheit relevant. Ist die Norm hinreichend bestimmt (**self-executing**), kann sie von nationalen Organen unmittelbar angewandt werden, wie z.B. die Dienstleistungsfreiheit aus Art. 56 ff. AUEV. Andernfalls – z.B. bei einer bloßen Absichtserklärung – bedarf es einer innerstaatlichen Konkretisierung zur nationalen Anwendbarkeit.

II. INNERSTAATLICHE GELTUNG VON VÖLKERGEWOHNHEITSRECHT UND ALLGEMEINEN RECHTSGRUNDSÄTZEN IN DEUTSCHLAND

Der Rechtsanwendungsbefehl des Art. 25 S. 2 GG verschafft den allgemeinen Regeln des Völkerrechts (Völkergewohnheitsrecht und allgemeinen Rechtsgrundsätzen) in Deutschland die innerstaatliche Wirkung.

Art. 25 S. 2 GG

> **DEFINITION**
> **Allgemeine Regeln** des Völkerrechts i.S.v. Art. 25 GG sind das Völkergewohnheitsrecht (s.o. 2., 2. Teil) und die allgemeinen Rechtsgrundsätze des Völkerrechts (s.o. 2., 3. Teil, A.).

Allgemeine Regeln des Völkerrechts

BEISPIELE: Allgemeine Regeln des Völkerrechts sind das Verbot des Angriffskriegs oder das Verbot des Völkermords. Ein allgemeiner Rechtsgrundsatz des Völkerrechts ist das Gebot von Treu und Glauben.

Im Rang stehen die allgemeinen Regeln des Völkerrechts nach ganz h.M. über dem Bundesrecht, aber unter dem Grundgesetz. Verstoßen also formelle oder materielle Bundes- oder Landesgesetze gegen eine solche Regel, sind sie unwirksam.

Innerstaatlicher Rang und Rechtsfolge eines Verstoßes

III. ART DER INNERSTAATLICHEN GELTUNG VON VÖLKERRECHT

Hinsichtlich der Art der innerstaatlichen Geltung von Völkerrecht werden grundsätzlich **zwei Theorien** unterschieden:

Nach der **Transformationstheorie** wird das Völkerrecht in nationales Recht transformiert und verliert dadurch auch seinen Charakter als Völkerrecht.

Transformationstheorie

Nach der herrschenden **Vollzugstheorie** muss das Völkerrecht durch den Rechtsanwendungsbefehl innerstaatlich vollzogen werden und bleibt dementsprechend Völkerrecht. Folglich muss es auch völkerrechtlich ausgelegt und nur solange vollzogen werden, wie es für Deutschland völkerrechtlich bindend ist.

Vollzugstheorie

D. Kompetenzen beim Abschluss völkerrechtlicher Verträge

I. VERBANDSKOMPETENZ BEIM ABSCHLUSS VÖLKERRECHTLICHER VERTRÄGE

Art. 32 GG

Die Verbandskompetenz für den Abschluss völkerrechtlicher Verträge ist in Art. 32 GG geregelt.

Gem. Art. 32 I GG ist die Pflege der Beziehungen zu auswärtigen Staaten Sache des Bundes.

Pflege der Beziehungen, Art. 32 I GG

> **DEFINITION**
> Unter „**Pflege der Beziehungen**" sind alle völker- und staatsrechtlichen Maßnahmen der Bundesrepublik Deutschland in auswärtigen Angelegenheiten, also auch der Abschluss völkerrechtlicher Verträge, zu verstehen.

Art. 32 III GG

Allerdings können gem. Art. 32 III GG die Länder mit auswärtigen Staaten Verträge abschließen, soweit sie für die Gesetzgebung zuständig sind. Entscheidend ist daher, wer dafür zuständig wäre, den Inhalt des völkerrechtlichen Vertrages als deutsches Gesetz zu erlassen. Das führt zu einer inzidenten Prüfung der Gesetzgebungskompetenzen der Art. 70 ff. GG.

> **BEISPIEL:** Das Schulrecht fällt innerstaatlich in die Gesetzgebungskompetenz der Länder. Folglich dürfen sie in diesem Bereich völkerrechtliche Verträge mit ausländischen Staaten schließen.

> **MERKSATZ**
> Es ist unbedingt zu beachten, dass Art. 32 GG nur die Vertragsabschlusskompetenz regelt. Hingegen hat die Norm keinerlei Bedeutung für die Transformationskompetenz, also für die Frage, wer für die Umsetzung eines völkerrechtlichen Vertrags in das innerstaatliche Recht zuständig ist. Das richtet sich allein nach Art. 70 ff. GG.

Problem: Verhältnis Art. 32 I zu Art. 32 III GG

Fraglich ist, ob Art. 32 I GG bei Einschlägigkeit des Art. 32 III GG zurücktritt.

Föderalistische Theorie

Davon geht die sog. **föderalistische Theorie** aus. Dürfe der Bund im Bereich der Gesetzgebungsbefugnisse der Länder wirksam völkerrechtliche Verträge schließen, könne er auf diesem Weg die Länderkompetenzen aushöhlen.

Zudem würden dann die Vertragsabschluss- und die Transformationskompetenz (die in diesem Fall bei den Ländern verbleibt) auseinanderfallen. Auch könne es nicht sein, dass der Bund nach außen wirksam völkerrechtliche Verpflichtungen einginge, die er mangels Transformationskompetenz nicht erfüllen könne.

Demgegenüber geht die herrschende **zentralistische Theorie** von einer Anwendbarkeit des Art. 32 I GG neben Art. 32 III GG aus. Sie beruft sich auf den Wortlaut des Art. 32 III GG, der nicht zum Ausdruck bringe, dass „nur" die Länder die Verträge schließen könnten. Die Formulierung „können" lege vielmehr nahe, dass auch der Bund zum Vertragsschluss befugt sei. Weiterhin würden die Länderkompetenzen nicht ausgehöhlt, da für die Transformation weiterhin die Länder zuständig blieben. Wenn sie die Transformation verweigerten, würde der Vertrag innerstaatlich keine Wirkung entfalten und könne folglich auch die Länderkompetenzen nicht tangieren. Dieser Gefahr könne der Bund im Übrigen dadurch begegnen, dass er die Länder vor Vertragsschluss um Zustimmung zum Vertrag bitten könne. In diesem Fall folgt eine Transformationspflicht der Länder aus dem Gebot der Bundestreue. Auf dem Weg vermeidet der Bund es zudem, eine völkerrechtliche Verpflichtung einzugehen, die er mangels Transformationskompetenz nicht erfüllen kann. Schließlich spricht für eine Kompetenz des Bundes das Prinzip der Einheit des Bundesstaates nach außen.

Zentralistische Theorie

> **MERKSATZ**
> Nach wohl vorzugswürdiger h.M. ist Art. 32 I GG auch anwendbar, wenn Art. 32 III GG greift.

Mit dem Lindauer Abkommen von 1957 wurde für die Praxis zwischen Bund und Ländern ein Kompromiss geschlossen. Nach diesem rechtlich unverbindlichen *Gentlemen's Agreement* kann der Bund mit Einverständnis der Länder auch im Bereich ihrer ausschließlichen Gesetzgebungskompetenz tätig werden. Er soll dabei das Einverständnis der Länder schon vor der völkerrechtlichen Verbindlichkeit der Abkommen einholen, damit später die oben genannten Transformationsdefizite nicht auftreten. Das Lindauer Abkommen wird insbesondere von Vertretern der föderalistischen Auffassung als verfassungswidrig betrachtet, da es die Kompetenzordnung des Art. 32 III GG modifiziere, obwohl dies nur per Verfassungsänderung gem. Art. 79 I, II GG möglich sei.

Lindauer Abkommen

II. ORGANKOMPETENZ BEIM ABSCHLUSS VÖLKERRECHTLICHER VERTRÄGE

Problem: Art. 59 I 2 GG

Gem. Art. 59 I 2 GG ist der Bundespräsident für den Abschluss völkerrechtlicher Verträge zuständig. In der Praxis werden völkerrechtliche Verträge jedoch im Regelfall von Mitgliedern der Bundesregierung unterzeichnet.

Ansicht 1: Stillschweigende Delegation

Dieses Vorgehen wird nach einer Ansicht durch eine stillschweigende Delegation der Befugnisse des Bundespräsidenten an die Mitglieder der Bundesregierung gerechtfertigt. Jedoch kann sich kein Staatsorgan ohne grundgesetzliche Befugnis seiner Kompetenzen und Aufgaben durch Delegation entledigen.

Ansicht 2: Konkludente Bevollmächtigung

Als Minus zur Delegation wird daher eine Bevollmächtigung der Bundesregierung durch den Bundespräsidenten angenommen. Mangels expliziter Bevollmächtigung der Bundesregierung wird vom BVerfG auf eine konkludente Bevollmächtigung abgestellt. Für diese Ansicht streitet die formelle, repräsentative Rolle des Bundespräsidenten im GG. Weiterhin gewährt Art. 7 II lit. a) WVRK, welcher als Völkergewohnheitsrecht gem. Art. 25 S. 2 GG unmittelbar Bestandteil des Bundesrechts ist, auch dem Außenminister eines Staates die Organkompetenz zum Vertragsschluss.

RAUM IM VÖLKERRECHT

Der Raum von Erde, Weltraum und Himmelskörpern wird durch das Völkerrecht grundsätzlich Hoheitsträgern zugeordnet. Dabei unterscheidet man zwischen Staatsgebiet und Nichtstaatsgebiet. Vor allem der Übergang vom Staats- zum Nichtstaatsgebiet ist hierbei problematisch, wobei sich je nach geographischer Situation andere rechtliche Fragen stellen.

Differenzierung:
Staatsgebiet ←→ Nichtstaatsgebiet

> **MERKSATZ**
> Die Befugnisse eines Staates werden umso spärlicher, je näher sein Gebiet dem Nichtstaatsgebiet kommt.

1. Teil – Das Staatsgebiet

A. Begriffserläuterungen

Bei der Zuordnung eines Gebietes zu einem Staat unterscheidet man zwischen zwei Begriffen: Zunächst hat ein Staat über sein Staatsgebiet grundsätzlich die sog. **„territoriale Souveränität"**. Diese ist mit dem Status des Eigentums nach deutschem Zivilrecht vergleichbar. Zudem erhält ein Staat auch die sog. **„Gebietshoheit"**, die mit dem deutschen Besitzbegriff vergleichbar ist. Man unterscheidet die Begriffe also anhand des Vorliegens einer Verfügungsbefugnis über das jeweilige Gebiet.

Territoriale Souveränität
= Eigentum

Gebietshoheit
= Besitz

> **KLAUSURHINWEIS**
> In der Klausur sind die Begriffe daher im Völkerrecht genauso streng zu unterscheiden wie im deutschen Recht.

Berühren sich zwei Staatsgebiete, spricht man von einer „Grenze". Berührt dagegen ein Staatsgebiet ein Nichtstaatsgebiet, nennt man dies eine „Begrenzung". Liegt zwischen zwei Gebieten ein Fluss, gilt grundsätzlich die Mittellinie des Flusses als Grenze bzw. Begrenzung. Liegt zwischen den Gebieten ein See, ist eine Vereinbarung der betroffenen Staaten über den Verlauf der genauen Gebietsgrenze nötig.

Grenze ←→ Begrenzung

Ein Staatsgebiet muss zudem kein zusammenhängender Raum sein, sondern kann sog. **„Exklaven"** und sog. **„Enklaven"** enthalten.

66 RAUM IM VÖLKERRECHT

Exklave

DEFINITION
Eine **Exklave** ist ein Teil des eigenen Staatsgebiets, der räumlich vom Hauptteil getrennt und von fremdem Territorium umschlossen ist.

BEISPIELE: Alaska ist eine Exklave der USA; Ceuta und Melilla sind Exklaven Spaniens, die in Marokko liegen.

Enklave

DEFINITION
Eine **Enklave** hingegen liegt vor, wenn ein fremdes Gebiet vom eigenen Staatsgebiet vollständig umschlossen ist.

BEISPIEL: West-Berlin war aus Sicht der Bundesrepublik eine Exklave, aus DDR-Sicht eine Enklave.

Staatsgebiet = Erdoberfläche, Untergrund, Luftsäule, Gewässer

Zum Staatsgebiet gehört ein gewisser Teil der Erdoberfläche, der Grund darunter, die Luftsäule darüber und ein Teil des angrenzenden Gewässers (sog. **„maritimes Aquitorium"**).

KLAUSURHINWEIS
In einer Klausur sind zumeist die letzten beiden problematisch.

B. Die Luftsäule

Lufthoheit und Luftfreiheiten

Grundsätzlich hat ein Staat in Hinsicht auf die Luftsäule über dem eigenen Staatsgebiet die sog. **Lufthoheit**, vgl. Art. 2 Chicago-Konvention. Allerdings wurden größtenteils sog. **Luftfreiheiten** ausgehandelt.

BEISPIELE: Recht zum Überflug, Recht zur Landung, Recht zur Aufnahme von Personen oder Sachen an Bord.

Dabei behalten sich die jeweils zu überfliegenden Staaten allerdings bestimmte Rechte vor, insbesondere das Recht Flugrouten festzuschreiben, vgl. Art. 5 Chicago-Konvention.

Probleme: Grenze des Luftraums und GSO

In Hinsicht auf die Luftsäule gibt es insbesondere zwei Problembereiche, und zwar die Grenze des Luftraums und den geostationären Orbit (GSO).

I. DIE GRENZE DES LUFTRAUMS

Zunächst stellt sich die Frage, welche Grenzen der Luftraum hat. Seitlich wird der Luftraum natürlich durch die Luftsäulen anderer Staaten oder von Nichtstaatsgebiet begrenzt. Strittig ist aber die Grenze nach oben zum Weltraum. Hierzu werden ganz unterschiedliche Grenzhöhen vertreten. Bis heute ist diese Frage nicht durch Staatenpraxis geklärt. Einig ist man sich aber darüber, dass der Luftraum jedenfalls bis zu einer Höhe von mindestens 80 km über der Erdoberfläche reicht und der Weltraum zumindest ab einer Höhe von 120 km beginnt.

Strittig: Grenze zum Weltraum

II. DER GEOSTATIONÄRE ORBIT (GSO)

Der Begriff „geostationärer Orbit" beschreibt die Satellitenumlaufbahn in ca. 35.000 km Höhe über dem Äquator, in der sich vor allem Kommunikationssatelliten synchron mit der Erddrehung bewegen, was für die Nutzung dieser Satelliten sinnvoll und günstig ist. Um daher Ansprüche gegen die Staaten bzw. Unternehmen begründen zu können, die dort Satelliten positionieren wollten, erklärten die Äquatorialstaaten den GSO ursprünglich zum Teil ihres Staatsgebiets. Sie argumentierten, dass die Satellitenposition durch die Anziehungskraft ihres Staatsgebiets bestimmt werde. Dem wurde entgegengehalten, entscheidend sei doch nicht die Anziehungskraft des Staatsgebiets, sondern der Erde an sich. Inzwischen ist dieser Streit dadurch geklärt, dass der GSO nach h.M. ohnehin nicht zum Staatsgebiet gehört, sondern zum Weltraum. Dementsprechend gilt hier Art. II des Weltraumvertrags, demgemäß eine staatliche Aneignung nicht möglich ist.

GSO = Satellitenlaufbahn

> **MERKSATZ**
> Der **Luftraum**, der zu einem Staat gehört, reicht mindestens bis zu einer Höhe von 80 km. Der Weltraum beginnt ab einer Höhe von 120 km und gehört keinem Staat.

C. Das maritime Aquitorium

Auch bei Gewässern unterscheidet man im Völkerrecht zwischen Staats- und Nichtstaatsgebiet. Ein Teil der Gewässer wird also dem angrenzenden Staatsgebiet zugeschrieben, sodass der jeweilige Staat durch seine territoriale Souveränität eine Verfügungsbefugnis darüber hat.

Maritimes
Aquitorium

> **DEFINITION**
> Den Teil des Staatsgebiets, der aus Gewässern besteht, nennt man **„maritimes Aquitorium"**.

Dies umfasst aber nur das Wasser an sich. Der Boden und Untergrund unterhalb des Wassers sind Teil des Festlandsockels.

Innere Gewässer, Archipelgewässer, Küstenmeer, Meerengen

Das maritime Aquitorium kann vier Arten von Gewässern umfassen, und zwar innere Gewässer, Archipelgewässer, das Küstenmeer sowie Meerengen.

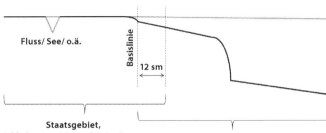

Staatsgebiet, inkl. dem maritimen Aquitorium:
I. Innere Gewässer
II. Archipelgewässer
III. Das Küstenmeer
IV. Meerengen

Nichtstaatsgebiet

I. INNERE GEWÄSSER

Innere Gewässer

> **DEFINITION**
> **Innere Gewässer** sind Meeresgebiete zwischen dem trockenen Land und der Basislinie eines Küstenstaates, vgl. Art. 8 I Seerechtsübereinkommen (SRÜ).

Basislinie = Niedrigwasserlinie

Die Basislinie ist gem. Art. 5 SRÜ grundsätzlich die Niedrigwasserlinie. Diese befindet sich dort, wo das Wasser bei Ebbe stehen bleibt. Da dies je nach Küstengebiet zu unüberschaubaren Grenzen bzw. Begrenzungen führen würde, wird sie unter den Voraussetzungen der Art. 7-11 SRÜ gerade gezogen.

Grundsätzlich unterliegen die inneren Gewässer der vollen Souveränität des jeweiligen Küstenstaates (Art. 2 SRÜ).

Volle Souveränität

BEISPIELE: Kein Recht zur friedlichen Durchfahrt nach Art. 17 ff. SRÜ; der Küstenstaat hat umfassende Durchsetzungsbefugnisse insbesondere auch bezüglich des Umweltschutzes (vgl. Art. 218, 220 SRÜ).

II. ARCHIPELGEWÄSSER

Eine Besonderheit bilden innere Gewässer, wenn das fragliche Staatsgebiet allein aus Inseln besteht, deren Zwischenräume sinnvollerweise rechtlich miteinander verbunden sein müssen. Dementsprechend trifft Teil VI des SRÜ spezielle Regelungen für solche Staaten.

> **DEFINITION**
> Ein **Archipel** ist gem. Art. 46 lit. b) SRÜ eine Gruppe von Inseln einschließlich Teilen von Inseln, dazwischenliegende Gewässer und andere natürliche Gebilde, die so eng miteinander in Beziehung stehen, dass diese Inseln, Gewässer und anderen natürlichen Gebilde eine wirkliche geographische, wirtschaftliche und politische Einheit bilden, oder die von alters her als solche angesehen worden sind.

Archipel

BEISPIELE: Philippinen, Indonesien, Jamaika, Malediven, Seychellen.

Die Hoheitsgewalt über Archipelgewässer wird in Art. 47 ff. SRÜ festgelegt. Der entscheidende Unterschied zu anderen Staatsgebieten liegt darin, dass gem. Art. 52 SRÜ ein Recht zur friedlichen Durchfahrt besteht. Allerdings ist der Archipelstaat nach Art. 53 SRÜ dazu berechtigt Schifffahrtswege und Flugstrecken festzulegen.

Begrenzte Souveränität, d.h. Recht zur friedlichen Durchfahrt

III. DAS KÜSTENMEER

Das Gebiet, das als „Küstenmeer" bezeichnet wird, kann vom jeweiligen Küstenstaat festgelegt werden. Es besteht aus den Gewässern ab der Basislinie und darf von dort aus höchstens 12 Seemeilen breit sein, Art. 3 SRÜ.

Küstenmeer = Gewässer ab Basislinie

Da das Küstenmeer die Zone zwischen den inneren Gewässern und den nichtstaatlichen Gewässern ist, werden die Interessen des Küstenstaates und fremder Staaten durch Regelungen des SRÜ miteinander in Ausgleich gebracht. Die Hoheitsgewalt des Küstenstaates hinsichtlich des

Begrenzte Souveränität

Küstenmeeres ist daher eingeschränkt. So besteht auch hier ein Recht zur friedlichen Durchfahrt nach Art. 17 ff. SRÜ, wobei die Friedlichkeit nach Art. 19 SRÜ vermutet wird. Schiffe fremder Staaten genießen zudem gem. Art. 32 SRÜ Immunität und gem. Art. 27 SRÜ ist die Strafgerichtsbarkeit des Küstenstaats generell eingeschränkt. U-Boote hingegen müssen über Wasser fahren und ihre Flagge zeigen. Weitere Rechte und Pflichten des Küstenstaates werden in Art. 17-26 SRÜ abschließend geregelt. Wichtig zu wissen ist vor allem, dass der Küstenstaat gem. Art. 2 III SRÜ in Hinsicht auf das Küstenmeer nicht nur die Regeln des SRÜ, sondern des gesamten Völkerrechts beachten muss, insbesondere also des Völkergewohnheitsrechts.

Recht zur friedlichen Durchfahrt und Immunität

SRÜ nicht abschließend

IV. MEERENGEN

Meerengen dienen dem internationalen Verkehr und bedürfen daher eines besonderen Nutzungsregimes.

BEISPIELE: Ärmelkanal oder die Straße von Gibraltar.

Da hier die Interessen des internationalen Verkehrs diejenigen des Küstenstaates überwiegen, sind die küstenstaatlichen Rechte noch eingeschränkter als in Bezug auf das Küstenmeer. Gem. Art. 34 ff. SRÜ gehören Meerengen zwar grundsätzlich zum Staatsgebiet des Küstenstaates. Zugleich gilt jedoch eine besondere Durchfahrts- und Überflugsordnung, deren Kern in einem Recht zur Transitdurchfahrt für zivile und militärische Schiffe und Luftfahrzeuge besteht, Art. 38 SRÜ. Bezüglich dieser Transitdurchfahrten hat der Küstenstaat gem. Art. 39 SRÜ spezielle Pflichten.

Starke Begrenzung der Souveränität, insbesondere Recht zur Transitdurchfahrt

MERKSATZ
Vom inneren Gewässer über das Archipelgewässer, das Küstenmeer bis zu den Meerengen nimmt die Souveränität des Küstenstaates immer mehr ab, weil im Gegenzug die Bedeutung des Gewässers für den Seeverkehr und die Belange fremder Staaten immer mehr zunehmen.

2. Teil – Das Nichtstaatsgebiet

Außerhalb des Staatsgebiets liegen küstenstaatliche Funktionshoheitsräume sowie globale Staatengemeinschaftsräume.

Nichtsstaatsgebiet = küstenstaatliche Funktionshoheitsräume und globale Staatengemeinschaftsräume

A. Küstenstaatliche Funktionshoheitsräume

Küstenstaatliche Funktionshoheitsräume

> **DEFINITION**
> **Küstenstaatliche Funktionshoheitsräume** sind Gebiete, die an das Hoheitsgebiet des Küstenstaats meerwärts angrenzen.

Sie werden dem Küstenstaat zwar nicht zugeschrieben, weshalb er keine Hoheitsgewalt ausüben kann, in denen er allerdings aus ganz bestimmten Gründen gewisse Befugnisse besitzt. Zugeschrieben werden ihm also zumindest eng begrenzte, funktionelle Hoheitsbefugnisse. Zudem hat der Küstenstaat bezüglich dieser Räume einen Kontroll-, Vorrang- und Monopolstatus im Verhältnis zu anderen Staaten. Diese Befugnisse erstrecken sich hingegen in keinem der Räume auf den Luftraum über dem Wasser, Art. 78 I SRÜ. Außerdem werden die küstenstaatlichen Rechte umso spärlicher, je weiter das jeweilige Gebiet von der Küste entfernt liegt. Die Funktionshoheitsräume kann man sich - in der Theorie - folgendermaßen vorstellen:

Kontroll-, Vorrang- und Monopolstatus

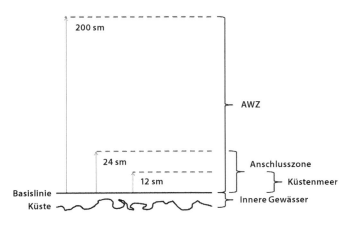

I. DIE ANSCHLUSSZONE

Polizeigewalt

Der Küstenstaat kann gem. Art. 33 I SRÜ eine Anschlusszone proklamieren. Dort ist ihm eine gewisse Polizeigewalt zugeschrieben.

BEISPIELE: Kontrolle der Einhaltung seiner Finanz-, Einreise- und Gesundheitsgesetze.

Max. 24 Seemeilen von der Basislinie

Die Anschlusszone darf allerdings gem. Art. 33 II SRÜ in der Breite höchstens 24 Seemeilen von der Basislinie betragen und ist insoweit räumlich begrenzt. Aufgrund dieser Bemessung ab der Basislinie überschneidet sich die Anschlusszone räumlich häufig mit dem Küstenmeer, der Ausschließlichen Wirtschaftszone und dem Festlandsockel. Sie hat aber die genannte in Art. 33 SRÜ festgelegte, eigenständige Bedeutung der Rechtsdurchsetzung.

II. DIE AUSSCHLIESSLICHE WIRTSCHAFTSZONE (AWZ)

Ausschließliche Wirtschaftszone

DEFINITION
Die **Ausschließliche Wirtschaftszone** (AWZ) ist ein ressourcenorientierter Raum *sui generis*.

Max. 200 Seemeilen ab Basislinie

Innerhalb dieses Gebiets, das gem. Art. 57 SRÜ bis zu 200 Seemeilen ab der Basislinie betragen kann, werden alle wirtschaftlich relevanten Nutzungen dem Küstenstaat zugeschrieben, vgl. Art. 56 ff. SRÜ.

BEISPIELE: Weitreichende Fischereirechte, Art. 61 ff. SRÜ; ausschließliches Recht zur Errichtung künstlicher Inseln und anderer wirtschaftlichen Zwecken dienender Bauwerke, Art. 60 SRÜ.

Völkergewohnheitsrecht

Auch hat er gem. Art. 73 SRÜ innerhalb der AWZ ein Recht zur Rechtsdurchsetzung. Dieses ist allerdings, im Vergleich zur Anschlusszone, sehr begrenzt. All diese Regelungen gelten auch nach Völkergewohnheitsrecht.

III. DER FESTLANDSOCKEL

Festlandsockel

DEFINITION
Festlandsockel ist gem. Art. 76 I SRÜ der Boden und Untergrund unterhalb des Wassers von der Küste an bis zur äußeren Kante des Festlandrands.

Dieses Gebiet kann der Küstenstaat nicht proklamieren. Er ist an die tatsächliche Länge des Festlandsockels gebunden. Beträgt seine Länge bis zu 200 Seemeilen von der Basislinie, wird er „innerer" Festlandsockel genannt. Ist er länger, gelten für diesen „äußeren" Festlandsockel die besonderen Regelungen des Art. 76 II-IV SRÜ. Das Wasser oberhalb des Festlandsockels ist Teil der oben beschriebenen Gebiete oder gehört zur Hohen See.

Innerer Festlandsockel
Äußerer Festlandsockel

Da der Festlandsockel eine natürliche Verlängerung des Landgebiets darstellt, hat der Küstenstaat gem. Art. 77 SRÜ ein Erforschungs- und Ausbeutungsmonopol und hat gem. Art. 80, 81 SRÜ gewisse Nutzungsrechte bezüglich Bohrarbeiten und der Errichtung künstlicher Inseln. Auf der anderen Seite aber ist der Festlandsockel als Teil des Meeresbodens auch Teil des gemeinsamen Erbes der Menschheit (Art. 136 SRÜ), weshalb der Küstenstaat gem. Art. 82 SRÜ zu Leistungen und Zahlungen aus der Ausbeutung zumindest des „äußeren" Festlandsockels an die internationale Meeresbodenbehörde verpflichtet ist (Art. 82 IV SRÜ). Die genannten Regelungen sind ebenfalls Teil des Völkergewohnheitsrechts.

Erforschungs- und Ausbeutungsmonopol, Nutzungsrechte bzgl. Bohrarbeiten

Völkergewohnheitsrecht

B. Globale Staatengemeinschaftsräume

In sog. **globalen Staatengemeinschaftsräumen** haben grundsätzlich alle Staaten gemeinschaftsbezogene Forschungs- und Nutzungsrechte. Die Aufteilung solcher Rechte erfolgt vor allem nach Solidaritäts- und Billigkeitsgesichtspunkten sowie je nach geographischer Lage der Staaten. Eine zeitliche Priorität hingegen wird allgemein abgelehnt, da dies bei technisch und finanziell sehr aufwändiger Nutzung und angesichts knapper Ressourcen zu einer faktischen Monopolstellung bestimmter Staaten führen würde.

Forschungs- und Nutzungsrechte für alle Staaten

Globale Staatengemeinschaftsräume sind die Hohe See, der Meeresboden, der Weltraum und die Antarktis.

Globale Staatengemeinschaftsräume: Hohe See, Meeresboden, Weltraum, Antarktis

I. DIE HOHE SEE

DEFINITION
Die **Hohe See** meint begrifflich das Wasser aller Teile des Meeres außerhalb der proklamierten AWZs.

Hohe See

Die Hohe See ist grundsätzlich frei. Früher war die Hohe See deshalb frei, da sie für Staaten schlicht unbeherrschbar war. Heute hingegen werden Wasser und Wellen als beherrschbare Substrate angesehen. Dennoch wird eine grundsätzliche Freiheit als interessengerecht angesehen.

Exemplarische Auflistung der Rechte in Art. 87 SRÜ

Innerhalb des Gebiets der Hohen See haben Staaten daher sehr viele Freiheiten, die in Art. 87 SRÜ nicht abschließend aufgezählt sind und bei deren Ausübung gem. Art. 87 II, 88, 117 ff. SRÜ gewisse Pflichten zur Rücksichtnahme zu beachten sind. Dazu gehören die Freiheit der Fischerei gem. Art. 116 ff. SRÜ, bezüglich der viele internationale Verträge bestehen, die Freiheit des Überflugs, die Freiheit des Verlegens von Kabeln gem. Art. 112 ff. SRÜ, die Freiheit der Errichtung gewisser Anlagen und die Freiheit wissenschaftlicher Forschung. Insbesondere aber gehört auch die Schifffahrtsfreiheit dazu, die in Art. 90 ff. SRÜ genauer geregelt ist. Danach hat grundsätzlich jeder Staat das Recht Schiffe auf der Hohen See fahren zu lassen, Art. 90 SRÜ. Allerdings ist dieses Recht an das Erfordernis einer einzigen staatlichen Flagge gebunden, unter der das Schiff fährt, Art. 90, 92 SRÜ. Zwar hat der jeweilige Staat in diesem Fall das Recht zur Ausübung seiner Hoheitsgewalt auf besagtem Schiff. Hingegen übernimmt er auch die Registrierungs-, Kontroll- und Sicherheitspflichten aus Art. 94 SRÜ und muss auch die Regeln gewisser internationaler Verträge wie MARPOL, IMO und SOLAS einhalten. Fährt das Schiff hingegen in einen Hafen ein, überlagert die territoriale Hoheit des Küstenstaates die Flaggenhoheit des Flaggenstaates. In diesem Fall sind beide für die Rechtseinhaltung zuständig.

Flaggenhoheit

Recht auf Nacheile

Außerdem hat der Küstenstaat ein sog. Recht auf Nacheile. Hiernach kann er zur Rechtsverfolgung ein fremdes Schiff unter Umständen bis in die Hohe See verfolgen. Dieses Recht ist in Art. 111 SRÜ ausführlich geregelt. Zusätzlich zu den genannten Freiheiten enthält das SRÜ auch Regelungen zur Festnahme von Piraten auf Hoher See.

II. DER MEERESBODEN

Der Meeresboden wird im SRÜ als „das Gebiet" bezeichnet (siehe Teil XI des SRÜ) und ist gem. Art. 136 SRÜ Menschheitserbe. Auf dem Meeresboden sind sehr wertvolle Ressourcen wie beispielsweise Manganknollen anzufinden, weshalb viele Staaten ein großes Interesse an dessen Erforschung und Ausbeutung haben. Zur Organisierung und Überwachung des Meeresbodens wurden daher die internationale Meeresbodenbehörde

Internationale Meeresbodenbehörde und das „Unternehmen"

(Art. 156 ff. SRÜ) und ihr operativer Arm (das „Unternehmen", Art. 170 ff. SRÜ) eingerichtet. Insoweit kann der Meeresboden also als internationalisiert bezeichnet werden. Nach Art. 137 II SRÜ ist insbesondere der Abbau von Ressourcen des Meeresbodens von den Regelungen der Behörde abhängig. Außerdem zu erwähnende Regelungen sind das Aneignungsverbot des Meeresbodens bzw. seiner Ressourcen gem. Art. 137 I SRÜ, der Grundsatz der Nutzung des Meeresbodens für ausschließlich friedliche Zwecke nach Art. 141 SRÜ und bestimmte Normen zu wissenschaftlicher Forschung und Umweltschutz gem. Art. 143 ff. SRÜ.

Meeresboden ist internationalisiert

III. DER WELTRAUM

Das Gebiet des Weltraums ist durch den Weltraumvertrag von 1967 (WV) geregelt. Im Weltraum sind die Staaten grundsätzlich frei und gleich sowie zur Kooperation verpflichtet. Insbesondere besteht gem. Art. II WV ein Aneignungsverbot und gem. Art. I, II, III WV ist die Erforschung und Nutzung des Weltraums Aufgabe der gesamten Menschheit. Daher erscheint die Regelung dieses Gebiets der des Meeresbodens sehr ähnlich. Allerdings gibt es im Unterschied zum Meeresboden hinsichtlich des Weltraums keine überwachende Institution. Vorhanden ist stattdessen ein Weltraumausschuss der UN zur Verhandlung und Ausarbeitung von Weltraumabkommen.

Weltraumvertrag

Aneignungsverbot

Keine Überwachungsbehörde

In Hinsicht auf eine Durchsetzung dieser Regelungen wird in Art. VI WV eine Staatenverantwortlichkeit geregelt. Außerdem besteht gem. Art. VII WV eine staatliche Verschuldenshaftung für Schäden durch Gegenstände.

Staatliche Verschuldenshaftung

BEISPIEL: Schäden durch Absturz eines Satelliten.

IV. DIE ANTARKTIS

Die Antarktis (= die um den Südpol gelegene Fläche), die im Völkerrecht strikt vom Begriff der Arktis (= die um den Nordpol gelegene Fläche) zu trennen ist, ist in Art. VI Antarktisvertrag (AV) definiert. Durch diesen Vertrag wurde der langjährige Streit darüber beigelegt, ob die Antarktis aneignungsfähig sei. Durch den AV werden zumindest neue Gebietsansprüche ausgeschlossen sowie militärische Maßnahmen und die Abfallbeseitigung in der Antarktis verboten. Durch das Umweltschutzprotokoll zum AV wurde zudem der Bergbau untersagt. Zur Antarktis gibt es zudem ein umfängliches System von multilateralen Verträgen und jährliche Vertragsstaatenkonferenzen.

Antarktisvertrag

GRUNDSÄTZE DES VÖLKERRECHTS

1. Teil – Souveräne Gleichheit der Staaten

*Enge Beziehung zum **Grundsatz der Souveränität der Staaten***

Trotz gravierender Unterschiede zwischen den Staaten in politischer, sozialer, ökonomischer, militärischer und kultureller Hinsicht gilt im Völkerrecht der Grundsatz der Gleichheit der Staaten. Dieser steht in enger Wechselwirkung mit dem Grundsatz der Souveränität der Staaten, was durch die Wortwahl der „souveränen Gleichheit" bei der Kodifizierung des Grundsatzes in Art. 2 Nr. 1 UNC deutlich wird.

Elemente: Juristische Gleichheit und Souveränität der Staaten

Der Grundsatz der souveränen Gleichheit umfasst zunächst die Elemente der juristischen Gleichheit und der vollen Souveränität jedes Staats. Das Völkerrecht ist somit ein Recht unter Gleichen, weshalb kein Staat der Hoheitsgewalt eines anderen Staats unterliegt oder an Recht gebunden ist, dem er nicht selbst zugestimmt hat. Die Staaten sind gleichberechtigte Mitglieder der internationalen Gemeinschaft, sodass jedem Staat bei internationalen Organisationen und multilateralen Konferenzen grundsätzlich das gleiche Stimmgewicht zusteht, sofern vertraglich nicht etwas anderes vereinbart ist. In der Generalversammlung der UN gilt dies gem. Art. 18 I UNC uneingeschränkt. Ein Beispiel für eine völkervertragliche Abweichung von diesem Grundsatz ist das „Vetorecht" der ständigen Mitglieder des Sicherheitsrates der UN gem. Art. 27 III UNC.

Ausnahme von der Gleichheit

MERKSATZ
Souveräne Gleichheit der Staaten bedeutet, dass sie grundsätzlich juristisch gleich sind und volle Souveränität besitzen, d.h. nicht der Rechts- oder Hoheitsgewalt eines anderen Staates unterliegen.

Der Grundsatz der souveränen Gleichheit hat zur Folge, dass die Staaten nur durch Rechtshandlungen gebunden werden, denen sie zugestimmt haben. Bei multilateralen Verträgen kann die demnach erforderliche Einstimmigkeit jedoch oft nur mühsam erzielt werden, sodass insbesondere bei politischen Resolutionen der Generalversammlung das *„consensus-Verfahren"* zur Anwendung gelangt.

> **DEFINITION**
> Das **„consensus-Verfahren"** zeichnet sich dadurch aus, dass vom Verhandlungsleiter nicht nach der positiven Zustimmung aller Beteiligten gefragt wird, sondern nur ob Gegenstimmen zum strittigen Punkt erhoben werden.

„consensus-Verfahren"

Da die Staaten rechtlich gleich sind und nicht in einem hierarchischen Verhältnis zueinanderstehen, kann kein Staat über den anderen richten. Somit lässt sich aus der Gleichheit der Staaten der Grundsatz der Staatenimmunität ableiten.

Grundsatz der Staatenimmunität

BEISPIEL: Die Gerichte eines anderen Staats überprüfen nicht die Wirksamkeit von fremden Hoheitsakten („act-of-State Doctrine"). Jedoch kann jeder Staat frei darüber entscheiden, ob der entsprechende Hoheitsakt auf seinem eigenen Staatsgebiet Wirksamkeit entfaltet oder nicht.

„act-of-State Doctrine"

Weiterhin umfasst der Grundsatz der souveränen Gleichheit das Recht eines jeden Staats zur Wahl und Entwicklung des politischen, gesellschaftlichen und wirtschaftlichen Systems, sowie das Recht auf territoriale Unversehrtheit und politische Unabhängigkeit, die auch durch das Gewaltverbot (s. 5. Kapitel, 2. Teil) und Interventionsverbot (s. 5. Kapitel, 3. Teil) abgesichert werden.

Weitere Ausprägungen der souveränen Gleichheit

Die von der ILC entwickelte und von der UN-Generalversammlung 1970 einstimmig angenommene sog. **„Friendly Relations Declaration"** formuliert neben Rechten auch Pflichten der Staaten, die aus dem Grundsatz der souveränen Gleichheit folgen.

„Friendly Relations Declaration"

BEISPIEL: Jeder Staat hat gegenüber anderen Staaten die Pflicht in Frieden zusammenzuleben, die Rechtspersönlichkeit zu achten und seine internationalen Verpflichtungen nach Treu und Glauben zu erfüllen.

Die rechtliche Verbindlichkeit der *„Friendly Relations Declaration"* ist umstritten. Eine Meinung sieht die Deklaration insgesamt als Kodifikation geltenden Völkerrechts und beruft sich dabei auf die einstimmige Annahme durch die Generalversammlung, die erhebliche Bedeutung der Deklaration und die häufige Bezugnahme auf diese durch Organe der Vereinten Nationen. Die Gegenansicht spricht ihr wegen der mangelnden Rechtssetzungskompetenz der Generalversammlung jegliche rechtliche Bindungswirkung ab. Nach vermittelnder h.M. interpretiert die

Strittig: Verbindlichkeit der „Friendly Relations Declaration"

Deklaration teilweise geltendes Völkergewohnheitsrecht, kann darüber hinaus jedoch nur zur Auslegung des allgemeinen Völkerrechts herangezogen werden.

> **KLAUSURHINWEIS**
> Die **„Friendly Relations Declaration"** ist im Sartorius II abgedruckt und eignet sich – trotz nach h.M. fehlender rechtlicher Verbindlichkeit – als **Auslegungshilfe** zur Bestimmung des wesentlichen Inhalts des allgemeinen Völkerrechts.

MERKSATZ
Ausprägungen der souveränen Gleichheit der Staaten sind: Grundsatz der Staatenimmunität, Recht auf territoriale Unversehrtheit und politische Unabhängigkeit, das Gewalt- und Interventionsverbot sowie die spiegelbildlichen Pflichten gegenüber anderen Staaten.

2. Teil – Das Gewaltverbot

Unter dem Eindruck des Schreckens des Zweiten Weltkriegs war die Staatengemeinschaft bestrebt, aus den Schwächen der Völkerbundsatzung zu lernen und mit den Vereinten Nationen ein effektives System kollektiver Sicherheit zu schaffen.

MERKSATZ
Der **Völkerbund** war die Vorläuferorganisation der UN. Er entstand nach dem 1. Weltkrieg mit dem Ziel, den Frieden zwischen den Staaten dauerhaft zu sichern, was bekanntlich misslang.

Gewaltverbot statt Kriegsbegriff

Ein wesentlicher Fortschritt gegenüber der Völkerbundsatzung besteht in der Abkehr vom – Missbrauch ermöglichenden – Kriegsbegriff der Völkerbundsatzung und der Hinwendung zu einem Gewaltverbot. Das Gewaltverbot ist in Art. 2 Nr. 4 UNC niedergelegt und lautet:

Gewaltverbot: Inhalt, Art. 2 Nr. 4 UNC

> *„Alle Mitglieder unterlassen in ihren internationalen Beziehungen jede gegen die territoriale Unversehrtheit oder die politische Unabhängigkeit eines Staates gerichtete oder sonst mit den Zielen der Vereinten Nationen unvereinbare Androhung oder Anwendung von Gewalt."*

Die Formulierung *„jede gegen die territoriale Unversehrtheit oder die politische Unabhängigkeit eines Staates gerichtete [...] Gewalt"* ist dabei nicht als Einschränkung zu verstehen, die eine Invasion zum Zweck der Wiedereroberung nach einer angeblich rechtswidrigen Annexion oder eine Gewaltanwendung von kurzer Dauer, die nicht gegen die territoriale Unversehrtheit gerichtet sein soll, rechtfertigt. Vielmehr ist dieser Passus als Hervorhebung von zwei besonders schwerwiegenden Verstößen gegen das Gewaltverbot zu verstehen. Ebenfalls keine Einschränkung des Gewaltverbots bezweckt die Formulierung *„in ihren internationalen Beziehungen"*, die nur von rein innerstaatlichen Auseinandersetzungen abgrenzen soll.

Extensive Auslegung

Das Gewaltverbot schützt nach dem Wortlaut des Art. 2 Nr. 4 UNC auch Staaten, die nicht Mitglieder der Vereinten Nationen sind, und hat darüber hinaus auch völkergewohnheitsrechtliche Geltung. Dies ergibt sich aus Art. 2 Nr. 4, 6 UNC und der *„Friendly Relations Declaration"*.

Gewaltverbot ist Völkergewohnheitsrecht

Korrespondierend zur Etablierung des Gewaltverbots zwischen den Mitgliedstaaten wurde das Gewaltmonopol grundsätzlich dem UN-Sicherheitsrat übertragen durch Kapitel VII der UNC.

Gewaltmonopol des UN-Sicherheitsrats

PRÜFUNGSSCHEMA

DAS GEWALTVERBOT

A. Der Gewaltbegriff
B. Anwendung oder Androhung von Gewalt
C. Schutzbereich des Gewaltverbots
D. Ausnahmen vom Gewaltverbot
  I. Individuelle und kollektive Selbstverteidigung
  II. Maßnahmen nach Kapitel VII der UNC
  III. Humanitäre Intervention

A. Der Gewaltbegriff

Eine einheitliche Definition von „Gewalt" i.S.d. Art. 2 Nr. 4 UNC in der Völkerrechtslehre existiert bislang nicht. Im Vergleich zum Kriegsbegriff ist der Gewaltbegriff weiter und bedarf insbesondere keiner formellen Kriegserklärung. Das Gewaltverbot lässt sich daher am besten so umschreiben, dass es die zwischenstaatliche Anwendung physischer Zwangsmittel untersagt.

Definition bisher (-) Jedenfalls keine Kriegserklärung nötig

Gewalt

> **DEFINITION**
> **Gewalt** ist die zwischenstaatliche Anwendung physischer Zwangsmittel, die eine gewisse Erheblichkeitsschwelle überschreitet und einem Staat zuzurechnen ist.

BEISPIEL: Bewaffneter Einsatz von Waffen und Streitkräften auf dem Territorium eines anderen Staats.

Der Gewaltbegriff ist ein umfassender, sodass neben klassisch kinetisch wirkenden Waffen auch andere, neuartige Mittel und Methoden vom Gewaltverbot erfasst sind, sofern sie ein vergleichbares Zerstörungspotenzial aufweisen.

BEISPIELE: Biologische und chemische Waffen; Cyberangriff auf das Computersystem eines Staudamms mit dem Ziel, die Zerstörungskraft der Flutwelle zu nutzen.

Nach der *„Friendly Relations Declaration"* und den Regelbeispielen des Art. 3 der Resolution der Generalversammlung Nr. 3314 (sog. **„Aggressionsdefinition"**), die bei der Konkretisierung des Gewaltbegriffs Völkergewohnheitsrecht widerspiegeln, erfasst das Gewaltverbot auch:

Beispiele für „Gewalt" i.S.v. Art. 2 Nr. 4 UNC

- die Aufstellung oder die Förderung der Aufstellung irregulärer Streitkräfte oder bewaffneter Banden, namentlich von Söldnern, die für Einfälle in das Hoheitsgebiet eines anderen Staates bestimmt sind,
- die Organisierung, Anstiftung oder Unterstützung von Bürgerkriegs- oder Terrorhandlungen in einem anderen Staat und die Teilnahme daran, oder die Duldung organisierter Aktivitäten in seinem Hoheitsgebiet, die auf die Begehung solcher Handlungen gerichtet sind, wenn die genannten Handlungen die Androhung oder Anwendung von Gewalt einschließen,
- die militärische Besetzung ohne oder gegen den Willen des betroffenen Staates oder bei Verstoß gegen ein Stationierungsabkommen, selbst wenn keine Kampfhandlungen erfolgen,
- die Blockade der Häfen oder Küsten eines Staates durch die Streitkräfte eines anderen Staates, sowie
- das Entsenden oder die wesentliche Beteiligung am Entsenden bewaffneter Banden, Gruppen, Freischärler oder Söldner durch einen Staat oder in seinem Namen, wenn diese mit Waffengewalt Handlungen gegen einen anderen Staat ausführen, die auf Grund ihrer Schwere den anderen Verstößen gegen das Gewaltverbot gleichkommen.

MERKSATZ

Gewalt verlangt eine erhebliche bewaffnete Aktion oder den Einsatz von Mitteln und Methoden mit vergleichbarem Zerstörungspotenzial und muss einem Staat zuzurechnen sein.

KLAUSURHINWEIS

Sowohl die **„Friendly Relations Declaration"** als auch die **Aggressionsdefinition** sind im Sartorius II abgedruckt und können daher bei der Auslegung des Gewaltverbots als Konkretisierung von Völkergewohnheitsrecht herangezogen werden.

Auch bestimmte Formen von *indirekter Gewalt* fallen unter das Gewaltverbot, sodass von privaten, nichtstaatlichen Akteuren verübte Gewalt Staaten insoweit zugerechnet werden kann, als Staaten eine „effektive Kontrolle" über die Handlungen der Akteure ausüben.

Indirekte Gewalt durch nichtstaatliche Akteure

BEISPIEL: Der IGH hat im Nicaragua-Fall (1986) festgestellt, dass die USA durch die Unterstützung in Form von militärischer Ausbildung und Waffenlieferungen der irregulären Streitkräfte der Contras, die in das Hoheitsgebiet Nicaraguas eindrangen, gegen das Gewaltverbot verstoßen haben. Die finanzielle Unterstützung der Contras durch die USA berührte jedoch nicht das Gewaltverbot, sondern lediglich das Interventionsverbot (s. dazu 5. Kapitel, 3. Teil).

MERKSATZ

Für die Zurechnung der Gewalt nichtstaatlicher Akteure muss der Staat die „effektive Kontrolle" über diese nichtstaatlichen Akteure ausüben.

Umstritten ist, ob andere bloße Unterstützungshandlungen zugunsten von Terroristen oder Rebellen unter das Gewaltverbot fallen.

Strittig: Unterstützungshandlungen

BEISPIEL: Gewährung eines sicheren Rückzugsortes für die Planung von Terroranschlägen.

Dafür spricht, dass so der Gefahr durch den internationalen Terrorismus effektiv begegnet werden kann. Andererseits führt es zu einer Aufweichung des vom IGH in der Nicaragua-Entscheidung aufgestellten

Zurechenbarkeitskriteriums der „effektiven Kontrolle". Die Abgrenzung zwischen staatlich zurechenbarer Gewalt i.S.v. Art. 2 Nr. 4 UNC und bloßer Unterstützung von international agierenden Kriminellen verlangt ein handfestes Kriterium der „effektiven Kontrolle". Ansonsten droht ein erhebliches Missbrauchspotenzial durch Vergeltungsmaßnahmen gegenüber Staaten, die ihr Staatsgebiet nicht vollständig kontrollieren können. Bloße Unterstützungshandlungen für Terroristen fallen daher nicht unter das Gewaltverbot der UNC.

B. Androhung von Gewalt

Androhung rechtswidriger Gewalt

Gem. Art. 2 Nr. 4 UNC ist auch die Androhung von Gewalt verboten. Davon ist nur die Androhung von mit der Charta der Vereinten Nationen nicht zu vereinbarenden, rechtswidrigen Gewalt umfasst. Verstößt die beabsichtigte Anwendung von Gewalt gegen die Charta, ist auch die Androhung der Gewalt rechtswidrig.

> **BEISPIELE:** Dies ist nicht der Fall, wenn ein Recht zur Selbstverteidigung gem. Art. 51 UNC oder eine Ermächtigung des Sicherheitsrats zur Anwendung von Gewalt vorliegt.

Motive unerheblich

Die Motive, die mit der Androhung von Gewalt verfolgt werden, sind insoweit unbeachtlich.

> **BEISPIELE:** Allein die Mobilmachung von Truppen an der Grenze eines anderen Staats, ein umfassendes Aufrüstungsprogramm oder der Vorhalt von Atomwaffen mit entsprechender Abschreckungsdoktrin, stellen keine Androhung von Gewalt dar.

MERKSATZ
Die **Androhung von Gewalt** ist nur rechtswidrig, wenn auch ihre **Anwendung** rechtswidrig ist.

C. Schutzbereich des Gewaltverbots

I. PERSÖNLICHER ANWENDUNGSBEREICH

Verpflichtete und Berechtigte: Staaten

Das Gewaltverbot ist nur an Staaten adressiert und schützt auch nur diese. Aufgrund der sog. **Kontinuitätsvermutung** sind im Fall der schwindenden effektiven Staatsgewalt auch sog. **„failed states"** geschützt.

GRUNDSÄTZE DES VÖLKERRECHTS

> **DEFINITION**
> Ein „**failed state**" ist ein Staat, der keine oder fast keine effektive Staatsgewalt auf seinem Staatsgebiet ausübt. Durch Wegfall des Gewaltmonopols des Staates beherrschen bewaffnete Banden und Clans das Staatsgebiet, während der Staat nur noch als Hülle existiert.

Failed state

BEISPIEL: Ein „failed state" ist Somalia.

Die *Intervention auf Einladung* ist schon nicht vom Gewaltverbot erfasst, wenn die Zustimmung der Regierung ohne Zwang erfolgte.

Keine Gewalt: Intervention auf Einladung

BEISPIEL: Eine Staatsregierung bittet die Regierung eines angrenzenden Staates um militärische Hilfe gegen bewaffnete Aufständische.

Die Regierung eines Staates ist zu einer solchen Einladung berechtigt, nicht hingegen die Opposition oder Aufständische. Dies gilt unabhängig von der Legitimität der Regierung, da im Völkerrecht nach ganz h.M. kein Demokratiegebot gilt.

> **MERKSATZ**
> Das Gewaltverbot ist nur an Staaten adressiert. Bei einer Intervention auf Einladung ist es nicht berührt. Die „Einladung" kann nur die Regierung aussprechen.

Umstritten ist, ob der Schutz des Gewaltverbots auch stabilisierte **„de facto-Regime"** schützt.

Strittig: Gewaltverbot zugunsten „de-facto-regime"

> **DEFINITION**
> **Stabilisierte „de facto-Regime"** sind solche, denen es gelungen ist, sich effektiv und dauerhaft vom ehemaligen Staat zu lösen.

Stabilisierte „de facto-Regime"

BEISPIELE: Taiwan, das Kosovo.

Ein Schutz dieser Regime steht jedoch in einem unauflösbaren Konflikt mit dem Recht jedes Staates seine Integrität gegen Rebellen zu verteidigen.

BEISPIEL: Südossetien.

Nach h.M. kann auch aus dem *Selbstbestimmungsrecht der Völker* (s.u. 5. Kapitel, 5. Teil) kein Sezessionsrecht abgeleitet werden, sodass eine Berufung auf dieses als Argument außer Betracht zu lassen ist. **„De facto-Regimes"** dem Schutz des Gewaltverbots zu unterstellen, privilegiert letztlich Rebellenbewegungen, die – z.B. durch Kooperation mit verbündeten Schutzmächten – über die militärischen Kapazitäten verfügen, sich dauerhaft der Gebietshoheit des Mutterstaats zu entziehen.

> **MERKSATZ**
> **„De-facto-Regime"** werden nicht vom Gewaltverbot geschützt.

II. SACHLICHER ANWENDUNGSBEREICH

Gesamtes Staatsgebiet sowie See- und Luftflotte

Der Schutz des Gewaltverbots bezieht sich auf das gesamte Staatsgebiet, einschließlich des Küstenmeers und des Luftraums. Aufgrund der souveränen Immunität der See- und Luftflotte eines jeden Staats genießen diese nach h.M. und Art. 3 d) der *Aggressionsdefinition* auf hoher See oder im internationalen Luftraum den Schutz des Gewaltverbots.

Nicht erfasst

Nicht vom Gewaltverbot geschützt sind Angriffe auf einzelne Schiffe oder Luftfahrzeuge der Streitkräfte eines anderen Staates, auf Handelsschiffe, zivile Luftfahrzeuge oder künstliche Installationen, wie z.B. Ölplattformen, die sich außerhalb des Hoheitsgebiets eines Staats befinden. Die Begründung liegt darin, das einzelne Schiffe und Luftfahrzeuge der Streitkräfte nicht unter den Wortlaut des Begriffs „Flotte" aus Art. 3 d) der *Aggressionsdefinition* fallen und zivile Objekte nicht an der Souveränität des Staates teilhaben.

D. Ausnahmen vom Gewaltverbot

I. INDIVIDUELLE UND KOLLEKTIVE SELBSTVERTEIDIGUNG

Art. 51 UNC

Art. 51 der UNC gewährt Staaten im Falle eines bewaffneten Angriffs ein Recht auf Selbstverteidigung.

> **DEFINITION**
> Ein **bewaffneter Angriff** i.S.d. Art. 51 UNC ist gegeben, wenn in massiver, koordinierter Form militärische Gewalt gegen einen Staat angewandt wird.

Bewaffneter Angriff

Folglich ist nicht jede Anwendung von Gewalt zugleich ein bewaffneter Angriff.

„Gewalt" nicht identisch mit „bewaffneter Angriff"

BEISPIELE: Vereinzelte militärische Übergriffe, Grenzverletzungen.

Verstöße gegen das Gewaltverbot aus Art. 2 Nr. 4 UNC unterhalb der Schwelle des bewaffneten Angriffs lösen somit nicht das Recht auf Selbstverteidigung aus, sondern können vom Staat ggf. nur mit einer verhältnismäßigen Gegenmaßnahme beantwortet werden.

BEISPIEL: Verhängung wirtschaftlicher Sanktionen.

Nach Art. 2 der *Aggressionsdefinition* indiziert der Ersteinsatz von militärischer Gewalt einen Anscheinsbeweis für das Vorliegen eines bewaffneten Angriffs, sofern der Sicherheitsrat der Vereinten Nationen nicht zu einer anderen Einschätzung gelangt. Das Recht zur Selbstverteidigung besteht nach Art. 51 UNC, bis der Sicherheitsrat die zur Wahrung des Friedens erforderlichen Maßnahmen getroffen hat. Der Sicherheitsrat beschränkt sich oft darauf festzustellen, dass ein Recht zur individuellen oder kollektiven Selbstverteidigung besteht. Der angegriffene Staat darf alle Maßnahmen ergreifen, um sich effektiv gegen den Angriff zu verteidigen, muss aber die Verhältnismäßigkeit wahren.

Art. 2 Aggressionsdefinition

BEISPIEL: Als Antwort auf einen vereinzelten bewaffneten Angriff geringer Intensität wie die Zerstörung einer Fabrik durch Kampfflugzeuge eines Staates wäre ein massiver Einsatz militärischer Gewalt gegenüber allen Streitkräften des Angreifers unverhältnismäßig.

> **MERKSATZ**
> Nicht jede Verletzung des Gewaltverbots berechtigt zur Selbstverteidigung gem. Art. 51 UNC.
> Selbstverteidigungsmaßnahmen haben das **Verhältnismäßigkeitsprinzip** zu wahren.

1. Kollektive Selbstverteidigung

Art. 51 UNC und sein gewohnheitsrechtliches Pendant gestatten neben der individuellen auch die kollektive Selbstverteidigung. Andere Staaten dürfen somit den angegriffenen Staat bei der Ausübung seines

Verteidigung durch andere Staaten

Selbstverteidigungsrechts unterstützen. Dafür sind eine Feststellung eines bewaffneten Angriffs und ein ausdrückliches oder konkludentes Hilfeersuchen des Opferstaats erforderlich.

Sind mehrere Staaten Opfer eines Angriffs geworden, können sie gemeinsam von ihrem Selbstverteidigungsrecht Gebrauch machen oder dieses in die Hände eines der angegriffenen Staaten legen.

MERKSATZ
Drittstaaten können einem angegriffenen Staat beistehen, wenn er sie darum gebeten hat.

2. Präventives Selbstverteidigungsrecht

Präventive Selbstverteidigung: Zulässig unter engen Voraussetzungen

Der Wortlaut des Art. 51 UNC lässt die Selbstverteidigung erst als Reaktion auf einen erfolgten bewaffneten Angriff zu. Allerdings ist nach der Völkerrechtslehre auch die präventive Selbstverteidigung zulässig. Dafür muss der Angriff unmittelbar und deutlich bevorstehen, sodass kein Raum zur friedlichen Streitbeilegung mehr besteht. Ein Abwarten des Erstschlags ist dem sich verteidigenden Staat nicht zuzumuten.

Strittig: Vorbeugende Abwehrmaßnahmen

Schwierig gestaltet sich hingegen die Ausdehnung auf *„vorbeugende Abwehrmaßnahmen"*, die insbesondere die Sicherheitsdoktrin der USA vorsieht. Demnach ist auch eine „vorbeugende" Verteidigung durch Zerstörung von Massenvernichtungswaffen in den Händen von angeblich unberechenbaren Regimen oder Terroristen zulässig. Für eine solche Ausweitung des Selbstverteidigungsrechts wird vorgebracht, dass es in der Hand dieser Regime liege die Unsicherheit zu beseitigen und dass die Existenz der Massenvernichtungswaffen – vor Ausübung des Selbstverteidigungsrechts – objektiv nachgewiesen werden müsse. Die ganz überwiegende Ansicht in der Völkerrechtslehre lehnt ein solch uferloses Selbstverteidigungsrecht hingegen ab. Die Voraussetzungen der Selbstverteidigung dürften nicht von dem subjektiven Bedrohungsempfinden eines Staats abhängen. Zudem hätten sich vermeintlich objektive Beweise für das Bestehen einer Bedrohungssituation in der Vergangenheit allzu oft in Luft aufgelöst.

BEISPIEL: Die angeblichen Massenvernichtungswaffen des irakischen Diktators Saddam Hussein, die es gar nicht gab.

Schließlich obliegt die Beseitigung der Bedrohung des Weltfriedens den Organen der UN und nicht einzelnen Staaten.

> **MERKSATZ**
> **Präventive Selbstverteidigung** ist bei einem unmittelbar und deutlich bevorstehenden Angriff zulässig. Weitergehende vorbeugende Abwehrmaßnahmen sind unzulässig.

3. Bewaffnete Angriffe durch nichtstaatliche Akteure?
Wie bereits gezeigt können auch Aktionen nichtstaatlicher Akteure einem Staat zuzurechnen sein, wenn er eine effektive Kontrolle über sie ausübt, sodass er dadurch das Gewaltverbot verletzt (s.o. 5. Kapitel, 2. Teil, A.).

Von dieser Feststellung zu trennen ist jedoch die Frage, ob ein solches Verhalten dem angegriffenen Staat ein Selbstverteidigungsrecht gem. Art. 51 UNC gibt, selbst wenn es einen bewaffneten Angriff darstellt. Der Wortlaut des Art. 51 UNC spricht für ein solches Rechtsverständnis, weil er nicht verlangt, dass der bewaffnete Angriff von einem Staat ausgehen muss. Unter systematischen Gesichtspunkten bleibt jedoch festzuhalten, dass Art. 50 UNC nur Zwangsmaßnahmen gegen Staaten ermöglicht. Auch war bei Inkrafttreten der UN-Charta 1945 eine Verletzung des Gewaltverbots durch Aktionen nichtstaatlicher Akteure nicht vorhanden und auch nicht absehbar. Die historische Auslegung spricht somit ebenfalls dafür, das Selbstverteidigungsrecht hier nicht anzuwenden. Schließlich droht ein Missbrauch des Selbstverteidigungsrechts: Ein Staat könnte einen Terroranschlag zum Anlass nehmen, von einem bewaffneten Angriff auszugehen, um daraufhin militärisch gegen einen anderen Staat vorzugehen.

Auslegung des Art. 51 UNC

> **MERKSATZ**
> Nach vorzugswürdiger Rechtsauffassung greift das Selbstverteidigungsrecht aus Art. 51 UNC nicht bei bewaffneten Angriffen nichtstaatlicher Akteure.

Auch der IGH scheint diese Rechtsansicht zu vertreten. So hat er im Gutachten zur israelischen Sperrmauer (2004) ein Selbstverteidigungsrecht Israels gegen Terrorattacken an der fehlenden Staatlichkeit Palästinas scheitern lassen.

Ansicht des IGH

MERKSATZ

Insgesamt kann hinsichtlich der Unterstützung nichtstaatlicher Akteure Folgendes festgehalten werden:

Finanzielle Unterstützung ist keine Gewalt und kein bewaffneter Angriff i.S.v. Art. 51 UNC.

Bewaffnung/Ausbildung sind Gewalt aber kein bewaffneter Angriff i.S.v. Art. 51 UNC.

Die Entsendung der nichtstaatlichen Akteure in einen anderen Staat ist Gewalt und ein bewaffneter Angriff i.S.v. Art. 51 UNC.

4. Völkergewohnheitsrechtliches Selbstverteidigungsrecht

In der Literatur wird teils vertreten, es bestehe ein über den Art. 51 UNC hinausgehendes völkergewohnheitsrechtliches Selbstverteidigungsrecht. Dies wird insbesondere mit der Formulierung „das naturgegebene Recht" (*„inherent right"*) aus Art. 51 UNC begründet. Zweifelsohne bestand das Selbstverteidigungsrecht als Völkergewohnheitsrecht schon vor Inkrafttreten der UNC. Ob dieses über das Selbstverteidigungsrecht der UNC hinausgeht, ist sehr umstritten und letztlich eine Frage des Einzelfalls. So wird teilweise die Intervention zugunsten der Rettung eigener Staatsangehöriger im Ausland als vom völkergewohnheitsrechtlichen Selbstverteidigungsrecht gedeckt angesehen (s. dazu sogleich unten).

II. INTERVENTION ZUGUNSTEN DER RETTUNG EIGENER STAATSANGEHÖRIGER IM AUSLAND

BEISPIEL: Befreiung von Geiseln durch die israelische Armee am Flughafen der ugandischen Hauptstadt Entebbe 1976, nachdem deren Passagiermaschine durch die PLO entführt wurde.

H.M.: Unzulässig

Nach wohl h.M. ist die gewaltsame Befreiung eigener Staatsangehöriger im Ausland mangels „bewaffneten Angriffs" auf den Staat nicht vom Selbstverteidigungsrecht gedeckt. Nach a.A. ist schon das Gewaltverbot mangels Angriffs auf die territoriale Integrität eines Staates nicht verletzt. Demgegenüber gibt es aber auch die Rechtsauffassung, dass Art. 51 UNC „dynamisch" auszulegen, also anwendbar ist, zumindest aber das völkergewohnheitsrechtliche Selbstverteidigungsrecht greift. Für diese letztgenannte Ansicht spricht der Schutz der entführten Individuen. Dagegen ist einzuwenden, dass diese Rechtsauffassung ein erhebliches

M.M.: Unter ganz engen Voraussetzungen zulässig

Missbrauchspotenzial in sich trägt. Daher kann eine Gewaltanwendung, wenn sie denn überhaupt akzeptiert wird, nur unter engsten Voraussetzungen zulässig sein.

> **MERKSATZ**
> Die **gewaltsame Befreiung eigener Staatsangehöriger** im Ausland ist nach h.M. nicht vom Selbstverteidigungsrecht gedeckt. Nach der Gegenauffassung kann sie völkerrechtlich zulässig sein, jedoch nur unter folgenden **Voraussetzungen**:
> 1. Unmittelbare Gefährdung von Leib und Leben eigener Staatsangehöriger.
> 2. Untätigkeit des Aufenthaltsstaats.
> 3. Strikte Beschränkung des Einsatzes auf die Rettung der Staatsangehörigen.

III. MASSNAHMEN NACH KAPITEL VII DER UNC

Das Gewaltmonopol des Sicherheitsrats innerhalb des Systems der UN zeigt sich in Kapitel VII der UNC. Danach obliegt es dem Sicherheitsrat festzustellen, ob eine Bedrohung oder ein Bruch des Friedens oder eine Angriffshandlung vorliegt, und Maßnahmen zur Wahrung oder Wiederherstellung des Friedens nach Art. 41 oder Art. 42 der UNC zu empfehlen oder verbindlich zu beschließen. Sowohl bei der Beurteilung der Tatbestandsvoraussetzungen als auch bei der Wahl der Maßnahmen verfügt der Sicherheitsrat über ein weites Ermessen.

Gewaltmonopol des UN-Sicherheitsrats

Weites Ermessen des Sicherheitsrats

1. Eingriffsvoraussetzungen des Art. 39 UNC

Nach traditionellem Verständnis war Frieden die Abwesenheit von Gewalt zwischen Staaten. Mittlerweile wird der Begriff vom Sicherheitsrat dynamisch ausgelegt und daher sehr weit verstanden.

Frieden: Weite Auslegung

BEISPIELE: Der Begriff „Frieden" umfasst somit auch innerstaatliche Konflikte, schwere Menschenrechtsverletzungen, die Aufarbeitung von Völkerrechtsverletzungen, den Putsch gegen einen demokratisch gewählten Präsidenten, internationalen Terrorismus und andere Formen von schwerer organisierter Kriminalität.

Seit der Somalia-Resolution 794 (1992) fordert der Sicherheitsrat nicht einmal mehr grenzüberschreitende Auswirkungen des Konflikts wie z.B. Flüchtlingsströme.

Grenzüberschreitende Auswirkungen nicht erforderlich

DEFINITIONEN

Bruch des Friedens

Ein **„Bruch des Friedens"** liegt bei einem mit militärischen Mitteln ausgetragenen Konflikt zwischen Staaten vor.

Bedrohung des Friedens

Eine **„Bedrohung des Friedens"** ist die Gefährdungslage vor dem Bruch des Friedens.

Angriffshandlung

Eine **Angriffshandlung** ist die Verletzung des Gewaltverbots durch einen Akt militärischer Aggression, der eindeutig einem Staat zugeordnet werden kann.

KLAUSURHINWEIS
Die Aggressionsdefinition ist im Sartorius II abgedruckt. Sie kann bei der Auslegung des Begriffs der „Angriffshandlung" als Konkretisierung von Völkergewohnheitsrecht herangezogen werden.

Der Sicherheitsrat verzichtet aus diplomatischen Erwägungen oft auf die klare Benennung des Aggressors und die Feststellung des Bruchs des Friedens sowie einer Angriffshandlung.

2. Maßnahmen des Sicherheitsrats

a) Vorläufige Maßnahmen nach Art. 40 UNC

Ziel: Entschärfung des Konflikts

Nach Art. 40 UNC kann der Sicherheitsrat vor der Verhängung von Zwangsmaßnahmen vorläufige Maßnahmen anordnen, um eine Verschärfung eines Konflikts zu verhindern. Auch diese vorläufigen Maßnahmen sind für die Mitglieder der UN verbindlich, sofern es sich nicht um eine bloße Empfehlung handelt.

BEISPIELE: Bestimmung einer Feuerpause, Anordnung des Verbleibs der Konfliktparteien auf den aktuellen Positionen.

b) Friedliche Zwangsmaßnahmen nach Art. 41 UNC

Art. 41 UNC nicht abschließend

Art. 41 UNC gibt dem Sicherheitsrat eine nicht abschließende Liste an friedlichen Zwangsmaßnahmen als mögliche Handlungsoptionen an die Hand. Nach Art. 48 UNC müssen die Mitgliedstaaten die Beschlüsse des Sicherheitsrats umsetzen.

BEISPIEL: Eine weit verbreitete Sanktion nach Art. 41 UNC ist das Wirtschaftsembargo. Da dieses jedoch allzu oft die notleidende Bevölkerung traf, ist der Sicherheitsrat dazu übergegangen gezieltere Sanktionen zu verhängen, wie das Einfrieren von Konten einzelner Personen und deren Umfeld.

Auf Grundlage von Art. 41 UNC wurden auch die Internationalen Strafgerichtshöfe für das ehemalige Jugoslawien (ICTY) und Ruanda (ICTR) errichtet.

Internationale Strafgerichtshöfe

c) Militärische Zwangsmaßnahmen nach Art. 42 UNC

Die militärischen Zwangsmittel nach Art. 42 UNC kann der Sicherheitsrat zwar beschließen, jedoch nicht mit eigenen Streitkräften durchführen, da bislang kein Mitgliedstaat der UN Streitkräfte gem. Art. 43 UNC zur Verfügung gestellt hat. Vielmehr ermächtigt und verpflichtet der Sicherheitsrat nach Art. 48 UNC entweder einzelne handlungsbereite Mitglieder oder alle Mitglieder der UN zur selbstständigen Durchführung der Zwangsmaßnahmen.

Durchführung durch Mitgliedstaaten

BEISPIEL: Resolution des Sicherheitsrats 678 (1990) zum Irak.

Einige Resolutionen des Sicherheitsrats stellen Kompromisse – insbesondere zwischen den ständigen Mitgliedern des Sicherheitsrats – dar und sind daher hinsichtlich der Ermächtigung zum militärischen Eingreifen oft mehrdeutig.

BEISPIEL: Dies war etwa bei der Irak-Resolution 1441 (2002) hinsichtlich der Warnung des Iraks vor „ernsthaften Konsequenzen" der Fall. Gegen eine Ermächtigung zur militärischen Invasion spricht in diesem konkreten Fall schon das Wort „Warnung". Zudem bleibt diese Formulierung hinter anderen Ermächtigungen des Sicherheitsrats zur Gewaltanwendung (etwa der Ermächtigung zu „allen notwendigen Maßnahmen") zurück, sodass darin richtigerweise keine Erlaubnis zum Einmarsch in den Irak zu sehen war.

> **MERKSATZ**
> Es bedarf stets einer ganz genauen Auslegung der Resolutionen des UN-Sicherheitsrats um annehmen zu dürfen, dass sie gem. Art. 42 UNC zur Anwendung militärischer Zwangsmittel ermächtigen.

d) UN-Friedensmissionen

Blauhelme

Friedensmissionen des Sicherheitsrats durch multinationale Streitkräfte (auch Blauhelme genannt) erfolgen nicht nach Art. 42 UNC. Denn diese zur Überwachung des Friedens entsendeten Streitkräfte sichern mit Zustimmung der Staaten den Frieden und tragen ihre Waffen nur zur Selbstverteidigung. Somit handelt es sich dabei nicht um Zwangsmittel unter Durchbrechung des Gewaltverbots. Die Kompetenz des Sicherheitsrats für die Entsendung von UN-Friedenstruppen folgt nach der **implied-powers Lehre** (s.o. 2. Teil, A.) aus den Regelungen des Kapitels VI und VII der UNC,

„Kapitel VI ½" Abgrenzung: „Robustes peace keeping"

sodass auch von Maßnahmen nach „Kapitel VI ½" die Rede ist.

Vom „robusten peace keeping" spricht man, wenn eine UN-Friedensmission nach Art. 42 UNC auch zur Anwendung von Zwangsmitteln autorisiert wurde.

> **MERKSATZ**
>
> **Blauhelmeinsätze** stützen sich nicht auf Art. 42 UNC, weil es sich nicht um eine Zwangsmaßnahme gegenüber einem Staat handelt und die Waffen nur zur Selbstverteidigung eingesetzt werden. Anders ist es jedoch bei einem **„robusten peace keeping"**. Zwar ist auch dies (wie bei den Blauhelmen) eine Friedensmission, jedoch unter Anwendung von Zwangsmitteln. Sie kann nur auf Art. 42 UNC gestützt werden.

e) Regionale Abmachungen und Einrichtungen

Art. 52, 53 UNC

In Art. 52 der UNC erkennt die UN das Bestehen von regionalen Abmachungen und Einrichtungen zum Zwecke der Arbeitsteilung bei der Wahrung des Weltfriedens an. Jedoch müssen Maßnahmen regionaler Art angebracht sein und diese regionalen Abmachungen mit den Zielen und Grundsätzen der UN übereinstimmen. Die Streitbeilegung ist gem. Art. 53 I UNC sogar vorrangig auf regionaler Ebene durchzuführen. Der Sicherheitsrat kann regionale Abmachungen und Einrichtungen zur Durchführung von Zwangsmaßnahmen in Anspruch nehmen.

> **DEFINITION**
>
> *Regionale Abmachungen/ Einrichtungen*
>
> **Regionale Abmachungen** bzw. **Einrichtungen** sind sowohl internationale Organisationen als auch Regime, die noch keine Verfestigung zur internationalen Organisation erlangt haben.

BEISPIELE: Europäische Union, NATO, Organisation für Zusammenarbeit und Entwicklung in Europa, Europarat, Organisation Amerikanischer Staaten, Afrikanische Union, Arabische Liga, Organisationen der Vereinten Nationen von Südamerika.

IV. HUMANITÄRE INTERVENTION

DEFINITION
Die **humanitäre Intervention** dient dem Schutz elementarer Menschenrechte fremder Staatsangehöriger durch die Androhung oder den Einsatz von Gewalt.

Humanitäre Intervention

BEISPIEL: Verhinderung eines Genozids.

Es ist umstritten, ob die humanitäre Intervention eine zulässige Ausnahme vom Gewaltverbot darstellt.

Für ihre Zulässigkeit spricht, dass der UN-Sicherheitsrat in der Vergangenheit aufgrund der Blockade durch „Vetomächte" teilweise Menschenrechtsverletzungen sehenden Auges geschehen ließ. Weiterhin lässt sich für diese Ansicht vorbringen, dass das Völkerrecht eine wertgebundene Ordnung sei, deren zentraler Pfeiler der Menschenrechtsschutz sei. Dogmatisch begründen lässt sich die humanitäre Intervention mit einer Nothilfe als Analogie zum kollektiven Selbstverteidigungsrecht oder mit einer teleologischen Reduktion des Gewaltverbots. Zudem soll die humanitäre Intervention auf besonders schwerwiegende Menschenrechtsverstöße beschränkt bleiben wie die Verhinderung eines Genozids.

Ansicht 1: Humanitäre Intervention ist zulässig

MERKSATZ
Bei **Anerkennung der humanitären Intervention** ist sie nur unter folgenden **Voraussetzungen** zulässig:
1. Vorliegen einer gravierenden humanitären Notsituation.
2. Meldung an die UN, Blockade des Sicherheitsrats der UN, ggf. Rückversicherung durch die Generalversammlung der UN.
3. Ausschöpfung aller friedlichen Lösungsmittel.
4. Hauptziel des intervenierenden Staats ist der Schutz der Menschenrechte.
5. Angemessenheit, Begrenzung auf spezifische Ziele und einen bestimmten Zeitraum.

Ansicht 2: Humanitäre Intervention ist unzulässig

Gegen die Anerkennung der humanitären Intervention spricht, dass der Wortlaut der UNC sie nicht vorsieht. Einer gewohnheitsrechtlichen Zulässigkeit der humanitären Intervention steht die uneinheitliche Staatenpraxis entgegen. Für diese Ansicht sprechen weiterhin das Gewaltverbot, die Integrität der Staaten sowie die Zuständigkeit des UN-Sicherheitsrats, den Weltfrieden zu wahren. Schließlich besteht ein erhebliches Missbrauchspotenzial, da insbesondere unklar ist, welche Staaten bei welcher Beweislage aktiv werden sollen. In der Vergangenheit kam es zudem wiederholt zu Medienkampagnen, um die Bevölkerung für einen vermeintlich humanitären Einsatz zu gewinnen.

> **BEISPIEL:** Die sog. „Brutkastenlüge" vor dem US-Kongress, die sich als PR-Kampagne für den 1. Golfkrieg entpuppte.

Auch muss berücksichtigt werden, dass die Menschenrechte in der Vergangenheit besonders intensiv durch die auf die humanitäre Intervention folgenden Kriegshandlungen beeinträchtigt wurden und oft eine dauerhafte Destabilisierung der gesamten Region nach sich zogen.

Ansicht 3: Alternativlösung der „responsibility to protect"

Als Alternativlösung zur humanitären Intervention gibt es das Konzept der „responsibility to protect". Es umschreibt die primäre Verantwortung eines Staates die eigene Bevölkerung vor Genozid, Kriegsverbrechen, ethnischer Säuberung und Verbrechen gegen die Menschlichkeit zu schützen. Konkret besteht die Pflicht eines Staates zum Verhüten solcher Situationen, zum Handeln und zum Wiederaufbau. Sollte ein Staat dieser Schutzverantwortung nicht nachkommen, muss die Staatengemeinschaft sekundär diesen zur Erfüllung seiner Pflicht ermutigen und durch diplomatische und humanitäre Maßnahmen unterstützen.

Ansicht 4: Ermächtigung des Sicherheitsrats zur humanitären Intervention möglich

Als ultima ratio besteht nach Teilen der Lehre die Rechtspflicht der Staatengemeinschaft, der Bevölkerung im Wege einer Ermächtigung des Sicherheitsrats zur humanitären Intervention Schutz zu bieten. Wie die Staatengemeinschaft dieser Pflicht im Falle einer Blockade des Sicherheitsrats nachkommen soll, ist jedoch ungeklärt.

> **KLAUSURHINWEIS**
> Die erste und die zweite Ansicht dürften in einer Klausur beide gut vertretbar sein. Die Ansichten drei und vier sind hingegen wegen ihrer geringen tatsächlichen Effektivität eher abzulehnen.

3. Teil – Interventionsverbot

Das Interventionsverbot entspringt dem Grundsatz der souveränen Gleichheit der Staaten aus Art. 2 Nr. 1 UNC und schützt vor Einmischungen von innen oder außen in die *domaine réservé*, also die der ausschließlichen Zuständigkeit eines Staates unterliegenden Angelegenheiten. Es schützt den Staat vor Eingriffen und der Ausübung von Zwang durch andere Staaten bei der Wahl seines politischen, wirtschaftlichen, gesellschaftlichen und kulturellen Systems.

Art. 2 Nr. 1 UNC
Domaine réservé

Das Interventionsverbot im Verhältnis der UN zu den Mitgliedsstaaten ist in Art. 2 Nr. 7 UNC niedergelegt, wobei Zwangsmaßnahmen der UN nach Kapitel VII der UNC davon selbstverständlich nicht erfasst sind. Die gewohnheitsrechtliche Geltung des Interventionsverbots ist anerkannt, weshalb auch internationale Organisationen und andere Völkerrechtssubjekte daran gebunden sind.

Interventionsverbot für internationale Organisationen

Völkergewohnheitsrecht

> **DEFINITION**
> Das **Interventionsverbot** verbietet anderen Staaten sich unmittelbar oder mittelbar in interne oder externe Angelegenheiten eines anderen Staates einzumischen.

Interventionsverbot

> **MERKSATZ**
> Ein Verstoß gegen das Gewaltverbot stellt immer auch einen Verstoß gegen das Interventionsverbot dar.

Nach dem sog. **erweiterten Interventionsbegriff** muss die Einmischung allerdings nicht mehr durch militärische Gewalt erfolgen, sodass schon die anderweitige Ausübung von Zwang für einen Verstoß genügt.

Erweiterter Interventionsbegriff

BEISPIEL: Finanzielle Unterstützung von Rebellen durch einen ausländischen Staat.

Zudem schwindet der Bereich der *domaine réservé* zunehmend aufgrund völkerrechtlicher Verpflichtungen.

Begrenzung der domaine réservé

BEISPIELE: Ein Staat, der dem Internationalen Walfangabkommen beigetreten ist, kann sich nicht auf das Interventionsverbot berufen, wenn andere dem Abkommen beigetretene Staaten von ihm die Einhaltung des Abkommens einfordern.

Zulässig ist ebenfalls die humanitäre Hilfe zugunsten von verwundeten Rebellen und der Zivilbevölkerung.

Souveränitätsverletzung

Nicht jede Souveränitätsverletzung stellt jedoch einen Verstoß gegen das Interventionsverbot dar.

BEISPIELE: Nehmen Polizisten einen Tatverdächtigen auf fremdem Staatsgebiet fest, liegt zwar ein Verstoß gegen die Gebietshoheit vor, nicht jedoch ein Verstoß gegen das Interventionsverbot, da kein Zwang gegen den Staat ausgeübt wird.

Die Aufnahme oder Beendigung von Handelbeziehungen stellt keine gegen das Interventionsverbot verstoßende Zwangsmaßnahme dar, da Staaten grundsätzlich frei über die Aufnahme und Beendigung wirtschaftlicher Beziehungen entscheiden können.

Auch die Einstellung von Entwicklungshilfe als Druckmittel ist keine von außen in einen Staat eingreifende Maßnahme, sondern stattdessen die Rücknahme einer solchen von außen kommenden Maßnahme und verstößt daher nicht gegen das Interventionsverbot.

> **MERKSATZ**
> Das **Interventionsverbot** gilt zwischen den Staaten sowie zwischen Staaten und internationalen Organisationen. Es verbietet eine zwangsweise Einmischung in die eigenen Angelegenheiten des Staates, wobei diese „eigenen Angelegenheiten" aufgrund zunehmender völkerrechtlicher Verpflichtungen abnehmen.

4. Teil – Staatenimmunität

Art. 2 Nr. 1 UNC

Die Staatenimmunität ist Ausfluss des Grundsatzes der souveränen Gleichheit der Staaten aus Art. 2 Nr. 1 UNC.

Staatenimmunität

> **DEFINITION**
> **Staatenimmunität** bedeutet, dass kein Staat über einen anderen zu Gericht sitzen kann (*par in parem non habet iurisdictionem*), da die Staaten im Gleichordnungsverhältnis zueinander stehen. Staaten sind somit vor den Gerichten anderer Staaten immun.

Dieser Grundsatz wurde nach der **absoluten Immunitätstheorie** bis zum Ende des 19. Jahrhunderts als absolut geltend verstanden. Aufgrund der zunehmenden wirtschaftlichen Betätigung von Staaten schränkte die **relative Immunitätstheorie** die Immunität bei wirtschaftlichem Handeln (*acta iure gestionis*) ein und gewährte die Immunität nur bei hoheitlichem Handeln des Staats (*acta iure imperii*).

Absolute Immunitätstheorie

Relative Immunitätstheorie

Über diese Einstufung entscheiden die Gerichte des Staates, die sich mit der Sache befassen, anhand des nationalen Rechts. In Deutschland verweist § 20 II GVG bezüglich der Staatenimmunität auf Völkergewohnheitsrecht und allgemeine Rechtsgrundsätze. Daneben ist Deutschland völkervertragsrechtlich durch das Europäische Abkommen über die Staatenimmunität von 1972 gebunden. Mangels einer ausreichenden Anzahl von Ratifizierungsurkunden ist die UN-Konvention zur Immunität von Staaten und deren Vermögen von 2004 bislang nicht in Kraft getreten. Sie kann jedoch zur Bestimmung geltenden Völkergewohnheitsrechts herangezogen werden.

Rechtslage in Deutschland

> **MERKSATZ**
> Wegen der Gleichheit der Staaten sind Staaten vor den Gerichten anderer Staaten immun. Das gilt allerdings nur für hoheitliche Handlungen.

A. Durchbrechung der Immunität bei schwerwiegenden Menschenrechtsverletzungen

Fraglich ist, ob eine Ausnahme vom Grundsatz der Staatenimmunität bei schwerwiegenden Menschenrechtsverletzungen zu machen ist.

BEISPIEL: In der Vergangenheit hatten Gerichte in Italien und Griechenland die Bundesrepublik Deutschland als Rechtsnachfolger des Deutschen Reichs wiederholt für durch die Wehrmacht bzw. die SS während des Zweiten Weltkriegs verübte Massaker an der Zivilbevölkerung zu Schadensersatzzahlungen verurteilt.

Die Gerichte argumentierten mit dem fehlenden Zusammenhang der Massaker mit der kriegerischen Auseinandersetzung, dem *ius cogens*-Charakter (s. dazu unten 5. Kapitel, 6. Teil) der Schwere der Menschenrechtsverletzungen und der Werteordnung des Völkerrechts, die eine völkergewohnheitsrechtliche Durchbrechung der Staatenimmunität

Pro

Contra rechtfertigten. Dieser Ansicht haben sich die Völkerrechtslehre, der IGH, der EGMR, der BGH und auch selbst der griechische Oberste Sondergerichtshof entgegengestellt. Denn eine Durchbrechung des Grundsatzes der Staatenimmunität für diese Fälle stelle mangels Staatenpraxis und entsprechender *opinio juris* kein Völkergewohnheitsrecht dar. Auch müssten bewaffnete Auseinandersetzungen grundsätzlich als Ganzes betrachtet werden.

> **MERKSATZ**
> Auch bei schwerwiegenden Menschenrechtsverletzungen gilt der **Grundsatz der Staatenimmunität**.

B. Immunität im Vollstreckungsverfahren

Auch im Vollstreckungsverfahren gilt nach ganz h.M. die **relative Immunitätstheorie**. So kann nur in Vermögen eines Staats vollstreckt werden, das kommerziellen Zwecken dient. Die Zwangsvollstreckung in Vermögen, das hoheitlichen Zwecken dient, ist unzulässig.

BEISPIELE: Unzulässig ist die Pfändung von Botschaftskonten. Zulässig ist hingegen die Pfändung einer staatlichen Beteiligung an einem privaten Unternehmen.

C. Immunität von Staatsoberhäuptern und Regierungsmitgliedern

I. IMMUNITÄT VON STAATSOBERHÄUPTERN

Differenzierung nach Amtszeit und Art der Handlung

Die Staatenimmunität umfasst völkergewohnheitsrechtlich auch das Element der Immunität von Staatsoberhäuptern samt ihren engsten Familienmitgliedern und dem amtlichen Gefolge. Diese können gerichtlich – insbesondere strafrechtlich – in einem anderen Staat nicht belangt werden. Der Schutz der Immunität soll zwischenstaatlichen Verkehr fördern und gilt folglich für die Dauer der Amtszeit. Danach kann das Staatsoberhaupt für private Handlungen auf fremdem Staatsgebiet auch rückwirkend belangt werden. Amtliche Handlungen genießen hingegen auch nach Ende der Amtszeit den Schutz der Immunität, soweit der Mutterstaat die Immunität nicht aufhebt.

Die absolute Immunität von Amtsträgern wird bei schwerwiegenden Menschenrechtsverletzungen zunehmend in Frage gestellt.

Problem: Schwerwiegende Menschenrechtsverletzungen

BEISPIEL: So hat das englische House of Lords die Auslieferung des ehemaligen chilenischen Diktators Pinochet an Spanien wegen Verstößen gegen die UN-Folterkonvention gestattet. Als Begründung wurde vorgebracht, dass die Anordnung von Folter kein amtliches Handeln darstelle.
Der IGH geht in der Haftbefehl-Entscheidung (2002) gegen den im Amte befindlichen kongolesischen Außenminister hingegen von einer absoluten Immunität vor nationalen Gerichten aus.

Problematisch ist hier wiederum die erhebliche Missbrauchsgefahr. Ein missliebiges Staatsoberhaupt könnte in einem anderen Staat mit der bloßen Behauptung, es habe schwerwiegende Menschenrechtsverletzungen zu verantworten, vor Gericht gestellt und damit aus dem Verkehr gezogen werden.

Jedoch erfasst die Immunität nicht die Strafverfolgung durch internationale Gerichte zur Ahndung von schwerwiegenden Menschenrechtsverletzungen.

Ausnahme: Internationale Gerichte

BEISPIEL: Internationaler Strafgerichtshof.

> **MERKSATZ**
> **Staatsoberhäupter** genießen grundsätzlich dauerhafte Immunität bzgl. amtlicher Handlungen sowie bzgl. privater Handlungen, solange sie im Amt sind. Das gilt nicht für Verfahren vor internationalen Gerichten. Ob auch für die Verfolgung schwerwiegender Menschenrechtsverletzungen eine Ausnahme gilt, ist äußerst fraglich.

KLAUSURHINWEIS
Auch in Anbetracht der reservierten Haltung des IGH sollte eine Ausnahme von der Immunität wegen schwerwiegender Menschenrechtsverletzungen in einer Klausur abgelehnt werden.

II. IMMUNITÄT VON REGIERUNGSMITGLIEDERN

Geschützt: Regierungschefs und Außenminister

Da Staatsoberhäupter in vielen Staaten lediglich repräsentative Aufgaben wahrnehmen, ist gewohnheitsrechtlich jedenfalls die Immunität des Regierungschefs und des Außenministers anerkannt. Diese gilt im selben Umfang wie bei Staatsoberhäuptern. Andere Regierungsmitglieder sind bei amtlichen Aufenthalten wie Mitglieder einer diplomatischen Spezialmission zu behandeln, sodass sich deren Immunität nach den entsprechenden Regelungen richtet (s. dazu sogleich 5. Kapitel, 4. Teil, D., I.). Die Immunität dieser ist jedoch auf die Amtszeit beschränkt.

D. Diplomatische und konsularische Beziehungen

DEFINITION

Diplomatische Beziehungen

Diplomatische Beziehungen umfassen die Vertretung der gesamtstaatlichen Interessen, insbesondere der politischen Interessen des Entsendestaates im Empfangsstaat.

Konsularische Beziehungen

Konsularische Beziehungen umfassen die Wahrnehmung der Handels- und Kulturinteressen des Entsendestaates sowie Verwaltungsaufgaben für die eigenen Staatsangehörigen und Ausländer wie die Verlängerung eines Personalausweises oder die Erteilung eines Visums.

MERKSATZ

Grob formuliert nehmen die Diplomaten in den Botschaften politische Aufgaben wahr und die Konsularbeamten in den Konsulaten Verwaltungsaufgaben.

I. DIPLOMATISCHE BEZIEHUNGEN

WÜD: Völkergewohnheitsrecht

Der Schutz diplomatischer Missionen und der Diplomaten ist umfassend im Wiener Übereinkommen über diplomatische Beziehungen (WÜD) von 1961 geregelt. Das WÜD ist ein sog. **self-contained regime,** sodass auf den Missbrauch diplomatischer Vorrechte oder andere Verstöße gegen das WÜD nur mit den darin enthaltenen Maßnahmen reagiert werden kann. Es ist weitgehend deckungsgleich mit Völkergewohnheitsrecht.

Räumlichkeiten unverletzlich

Die Räumlichkeiten der diplomatischen Mission sind gem. Art. 22 WÜD unverletzlich. Sie dürfen von Vertretern des Empfangsstaats nur mit Zustimmung des Missionschefs betreten werden und genießen Immunität vor Durchsuchung, Beschlagnahme und Maßnahmen der Zwangsvollstreckung. Missionschefs sind der jeweilige Botschafter und der Nuntius als Vertreter des Heiligen Stuhls.

Weiterhin obliegt dem Empfangsstaat die Pflicht die Räumlichkeiten der Mission vor Dritten zu schützen.

Schutzpflicht des Empfangsstaats

BEISPIEL: Bei der Erstürmung und Geiselnahme des diplomatischen und konsularischen Personals der US-Botschaft 1979 in Teheran durch Studenten hat der Iran u.a. diese Pflicht verletzt.

Das Grundstück der Botschaft gehört zum Empfangsstaat, sodass gegen Diplomaten begangene Straftaten nach dem Tatortprinzip von diesem verfolgt werden können.

Auch die Person des Diplomaten ist gem. Art. 29 WÜD unverletzlich und genießt umfassende Immunität. Er darf nicht festgenommen oder strafrechtlich verfolgt werden. Art. 31 WÜD lässt bestimmte Ausnahmen für zivil- oder verwaltungsrechtliche Verfahren zu. Die Immunität beginnt zum Zeitpunkt der Einreise und endet bei Beendigung der dienstlichen Tätigkeit mit der Ausreise oder im Falle der Erklärung des Diplomaten zur *persona non grata* mit dem Ablauf der zur Ausreise gesetzten Frist. Für dienstliche Tätigkeiten bleibt die Immunität gem. Art. 39 II 2 WÜD auch nach diesem Zeitpunkt erhalten.

Art. 29, 31, 39 WÜD

Sonderbotschafter bzw. *ad hoc*-Botschafter sind mit Spezialmissionen, also mit besonderen Aufträgen im Empfangsstaat, betraut.

Sonderbotschafter/ ad hoc-Botschafter

BEISPIEL: Vertretung eines Staats bei einer multilateralen Konferenz.

Die Immunität von Sonderbotschaftern ist nicht im WÜD geregelt, sondern in der UN-Konvention über Spezialmissionen von 1969, die aber von Deutschland und vielen anderen Staaten nicht ratifiziert wurde. Für die Immunität der Sonderbotschafter ist daher für diese Staaten Völkergewohnheitsrecht maßgeblich

BEISPIEL: Nach Völkergewohnheitsrecht besaß ein iranischer Sonderbotschafter, der mit Opium im Gepäck nach Deutschland einreiste, vor deutschen Gerichten Immunität vor Strafverfolgung, obwohl die Übereinkunft über seine Sondermission erst nach der Einreise erfolgte.

> **MERKSATZ**
>
> Maßgeblich für die diplomatische Immunität ist das WÜD. Die **Person des Diplomaten** und die **Räumlichkeiten der diplomatischen Mission** sind grundsätzlich immun. Ausnahmen sind im WÜD normiert.
>
> Das **Gelände einer Botschaft** gehört zum Empfangsstaat. „Exterritorialität" bedeutet nur, dass die Durchsetzung des nationalen Rechts dort gehemmt ist.

II. KONSULARISCHE BEZIEHUNGEN

WÜK: Völkergewohnheitsrecht

Das Wiener Übereinkommen über konsularische Beziehungen (WÜK) von 1963 ist als Konkretisierung des geltenden Völkergewohnheitsrechts für die konsularischen Beziehungen zwischen Staaten von großer Bedeutung.

> **BEISPIEL:** Zu den konsularischen Befugnissen gehören das Aufsuchen und die Unterstützung von inhaftierten Staatsangehörigen des Empfangsstaats. Daher muss auf Verlangen des Betroffenen vor jedem Strafverfahren das Konsulat benachrichtigt werden.

Art. 43 WÜK

Gem. Art. 43 WÜK genießen Konsularbeamte und -angestellte Immunität vor den Gerichten des Empfangsstaats für dienstliche Tätigkeiten. Die Immunität nach dem WÜK ist somit nicht so weitreichend wie diejenige nach dem WÜD.

> **MERKSATZ**
>
> Maßgeblich für die **konsularische Immunität** ist das WÜK, dessen Schutz hinter demjenigen des WÜD zurückbleibt.

III. MISSBRAUCH DIPLOMATISCHER/KONSULARISCHER VORRECHTE

Begrenzung der Immunität?

Fraglich ist, ob der Missbrauch diplomatischer oder konsularischer Vorrechte dazu führen kann, dass die Immunität von Diplomaten und Konsularbeamten einzuschränken ist.

> **BEISPIEL:** Aus einer Botschaft werden Schüsse auf einen vorbeiziehenden Demonstrationszug abgegeben.

Nach h.M. sind WÜD und WÜK selbst in solchen Fällen abschließend, eine behördliche oder gerichtliche Verfolgung durch den Empfangsstaat kommt also nicht in Betracht. Möglich sind nur Sanktionen, die im WÜD/WÜK vorgesehen sind.

H.M.: Keine Ausnahme von der Immunität

BEISPIEL: Erklärung zur persona non grata gem. Art. 9 WÜD/Art 23 WÜK.

5. Teil – Selbstbestimmungsrecht der Völker

Das Selbstbestimmungsrecht der Völker steht im historischen Zusammenhang mit der Dekolonisierung, beschränkt sich aber im Anwendungsbereich nicht auf Dekolonisierungsprozesse.

Dekolonisierung = Ende einer Kolonialherrschaft

BEISPIEL: Auch die Wiedervereinigung Deutschlands ist ein Beispiel für das Selbstbestimmungsrecht der Völker.

Es ist sowohl in der UNC (vgl. Art. 1 Nr. 2 UNC) als auch u.a. in den UN-Menschenrechtspakten und der *„Friendly Relations Declaration"* verbürgt und gilt daneben auch völkergewohnheitsrechtlich.

> **DEFINITION**
> Das **Selbstbestimmungsrecht** der Völker umfasst deren ohne äußeren Zwang getroffene freie Entscheidung über ihre politische, wirtschaftliche, soziale und kulturelle Entwicklung.
>
> Ein **Volk** besteht aus einer Gruppe von Menschen, die aufgrund eigener ethnischer, religiöser, sprachlicher und kultureller Merkmale eine gemeinsame Identität aufweisen und pflegen.

Selbstbestimmungsrecht der Völker

Volk

Das Selbstbestimmungsrecht der Völker enthält auch eine innerstaatliche Dimension des Minderheitenschutzes. Danach sind Minderheiten innerhalb eines Staats grundsätzlich bei der politischen Gestaltung des Staats, insbesondere in kulturellen Fragen, einzubeziehen.

Minderheitenschutz

Minderheit

> **DEFINITION**
> Eine **Minderheit** ist eine Gruppe, welche einen kleineren Teil der Bevölkerung stellt, in dem Staat keine herrschende Rolle spielt, sich von der Bevölkerungsmehrheit aufgrund ethnischer, sprachlicher, kultureller und religiöser Merkmale unterscheidet und daher eine eigene Identität aufweist.

Strittig:
Sezessionsrecht

Nach h.M. kann aus dem *Selbstbestimmungsrecht der Völker* kein Sezessionsrecht abgeleitet werden, da insoweit der territorialen Integrität der Staaten der Vorrang eingeräumt wird. Die Gegenansicht nimmt ein gewohnheitsrechtliches Sezessionsrecht des Minderheitenvolks jedenfalls dann an, wenn es schwerwiegenden und systematischen Menschenrechtsverletzungen und politischer Unterdrückung durch den Staat ausgesetzt ist.

6. Teil – Ius cogens/Verpflichtungen erga omnes

A. Ius cogens

Ius cogens

> **DEFINITION**
> **Ius cogens** ist zwingendes Völkergewohnheitsrecht, das von der Staatengemeinschaft allgemein anerkannt ist, für das Völkerrechtssystem unverzichtbar ist und die objektive Pflicht aller Staaten begründet ihre Einhaltung zu fordern.

> **BEISPIELE:** Anerkannt sind das Verbot des Angriffskrieges, die Achtung elementarer Menschenrechte durch ein Verbot des Völkermordes, der Sklaverei, der Folter und der Rassendiskriminierung sowie das Selbstbestimmungsrecht der Völker.

Nichtigkeit völkerrechtlicher Verträge

Völkerrechtliche Verträge, die gegen *ius cogens* verstoßen, sind gem. Art. 53 S. 1 WVRK nichtig. Dies gilt gem. Art. 64 WVRK auch für den Fall, dass das *ius cogens* erst später entsteht.

> **MERKSATZ**
> Anerkanntes zwingendes Völkergewohnheitsrecht (*ius cogens*): Verbot des Angriffskrieges, Verbot des Völkermordes, Verbot der Sklaverei, Verbot der Folter, Verbot der Rassendiskriminierung, Selbstbestimmungsrecht der Völker.

B. Pflichten erga omnes

Grundsätzlich gelten völkerrechtliche Verpflichtungen nur **inter partes**, d.h. Vertragsparteien eines Abkommens können die gegenseitige Einhaltung der Verpflichtungen einfordern. Bei einer Verletzung einer Verpflichtung kann der verletzte Staat die Beendigung des Rechtsverstoßes und Wiedergutmachung fordern bzw. Gegenmaßnahmen ergreifen.

Inter partes

Abweichend davon begründen *ius cogens* Normen Verpflichtungen *erga omnes*, also gegenüber der gesamten Staatengemeinschaft. Diese Verpflichtungen bestehen gegenüber allen Staaten, die entsprechend auch ohne eigene unmittelbare Betroffenheit ihre Einhaltung und Wiedergutmachung fordern können.

Erga omnes

Umstritten ist jedoch, ob jeder Staat auch ohne eigene unmittelbare Betroffenheit Gegenmaßnahmen ergreifen kann. Eingehend dazu unten 6. Kapitel, 1. Teil, D., III., 2.

Strittig: Recht zu Gegenmaßnahmen ohne eigene Betroffenheit

> **MERKSATZ**
> **Ius cogens** führt zu Pflichten gegenüber der gesamten Staatengemeinschaft (*erga omnes*), sodass alle Staaten die Beachtung dieser Pflichten verlangen können, unabhängig von einer eigenen Betroffenheit.

3. FALL: CHEGUEVARA
Problemschwerpunkte: Klage vor dem IGH, Gewalt- und Interventionsverbot

SACHVERHALT

Gegen den lateinamerikanischen Staat CheGuevara wird international der Verdacht gehegt, es unterstütze aufständische, revolutionäre Bewegungen in seinen Nachbarstaaten. Daraufhin stellt sein nördlicher Nachbar Bossy seine Entwicklungshilfe für CheGuevara ein und beginnt zudem die paramilitärischen Guerilla-Kämpfer „Contras" in CheGuevara zu unterstützen, welche die Regierung stürzen wollen. Er schickt ihnen finanzielle

Hilfe und Waffen und trainiert außerdem seine Kämpfer. Überdies legt er in dem Hafen der Hauptstadt von CheGuevara Wasserminen, wodurch Schiffe zu Schaden kommen.

CheGuevara will das aggressive Verhalten Bossys nicht mehr hinnehmen und erhebt Klage vor dem IGH. Bossy ist der Auffassung, der IGH sei für diesen Fall nicht zuständig. Er habe schließlich die IGH-Zuständigkeit nur insoweit anerkannt, als Rechtsstreitigkeiten über multilaterale Verträge davon ausgeschlossen seien.

Hat die Klage Erfolg?

Bearbeitervermerk: Beide Staaten sind Mitglieder der UN. CheGuevara hat die Zuständigkeit des IGH gem. Art. 36 II IGH-Statut vorbehaltlos anerkannt.

LÖSUNG

Die Klage hat Erfolg, soweit sie zulässig und begründet ist.

A. Zulässigkeit

I. ZUSTÄNDIGKEIT

Art. 36 I IGH-Statut

Gem. Art. 36 I IGH-Statut erstreckt sich die Zuständigkeit des IGH grundsätzlich auf alle Rechtsstreitigkeiten der Parteien. Als Mitglieder der UN sind CheGuevara und Bossy gem. Art. 93 I UNC auch Parteien des IGH-Statuts.

Aufgrund der staatlichen Souveränität müssen sich die Parteien aber dafür dieser Zuständigkeit auch unterwerfen, Art. 36 II IGH Statut. CheGuevara hat die Zuständigkeit des IGH für Rechtsstreitigkeiten in diesem Sinne anerkannt.

Problem: Vorbehalt von Bossy

Problematisch ist allerdings, dass Bossy bei seiner Unterwerfungserklärung unter das IGH-Statut den Vorbehalt erklärte, dass der IGH nicht für Streitigkeiten über multilaterale Verträge zuständig sein solle. Das Anbringen von Vorbehalten beim Beitritt zum IGH-Statut ist gem. Art. 36 III IGH-Statut zulässig.

Bei der UN-Charta handelt es sich um einen multilateralen Vertrag, der vom Vorbehalt Bossys erfasst ist, weshalb CheGuevara grundsätzlich nicht die inhaltlich gerügte Verletzung des Gewaltverbots aus Art. 2 Nr. 4 UNC und des Interventionsverbots aus Art. 2 Nr. 1 UNC geltend machen kann. Das Gewaltverbot und das Interventionsverbot sind jedoch nicht nur in der UN-Charta geregelt, sondern stellen zugleich auch Völkergewohnheitsrecht dar. Dieses wird vom Vorbehalt Bossys nicht erfasst. Daher kann eine Verletzung des Gewalt- und Interventionsverbots in Form von Völkergewohnheitsrecht durch den IGH überprüft werden. Der IGH ist daher im Bezug auf die Verletzung von Völkergewohnheitsrecht zuständig.

Aber: Vorbehalt erstreckt sich nicht auf Völkergewohnheitsrecht

MERKSATZ
Hier zeigt sich, dass es in Klausuren durchaus relevant sein kann, wenn eine Regelung in einem völkerrechtlichen Vertrag zugleich auch zum Völkergewohnheitsrecht zählt.

II. PARTEIFÄHIGKEIT
Gem. Art 34 I IGH-Statut sind nur Staaten berechtigt als Parteien vor dem Gerichtshof aufzutreten. Sowohl Bossy als auch CheGuevara sind Staaten und somit parteifähig.

III. FORM
Es ist davon auszugehen, dass die Form i.S.d. Art. 40 I IGH-Statut gewahrt ist.

Somit ist die Klage zulässig.

B. Begründetheit
Die Klage müsste auch begründet sein. Dies ist der Fall, wenn die von Bossy vorgenommenen Maßnahmen gegen materielles Völkerrecht verstoßen.

Die von Bossy vorgenommenen Maßnahmen könnten gegen das Gewaltverbot sowie das Interventionsverbot verstoßen.

I. EINSTELLUNG DER ENTWICKLUNGSHILFE
Durch die Einstellung der Entwicklungshilfe hat Bossy jedenfalls nicht gegen das Gewaltverbot verstoßen.
Jedoch könnte ein Verstoß gegen das Interventionsverbot vorliegen.

Gewaltverbot (-)

Interventionsverbot

> **DEFINITION**
>
> Das **Interventionsverbot** wird definiert als Verbot für alle Staaten, sich unmittelbar oder mittelbar in interne oder externe Angelegenheiten eines anderen Staates einzumischen. Es schützt den Staat vor Einmischung in die Wahl seines politischen, wirtschaftlichen, gesellschaftlichen und kulturellen Systems.

Fraglich ist, ob die Einstellung von Entwicklungshilfe unter diese Definition fällt. Entwicklungshilfe ist eine Form der Unterstützung des Aufbaus des politischen, wirtschaftlichen, gesellschaftlichen und kulturellen Systems eines Staates durch einen anderen Staat. Die Einstellung dieser Hilfe ist daher nicht eine von außen in einen Staat eingreifende Maßnahme, sondern stattdessen die Rücknahme einer solchen von außen kommenden Maßnahme. Mithin wird dadurch nicht in einen Staat „interveniert". CheGuevara kann schließlich auch nach Einstellung der Entwicklungshilfe seine internen Angelegenheiten weiterhin frei bestimmen.
Ein Verstoß gegen das Interventionsverbot durch die Einstellung der Entwicklungshilfe liegt nicht vor.

II. UNTERSTÜTZUNG DER „CONTRAS"

1. Verstoß gegen das Gewaltverbot
Die Unterstützung der Guerilla-Kämpfer "Contras" könnte gegen das Gewaltverbot verstoßen.

a) Androhung oder Anwendung von Gewalt
Zunächst müsste Bossy Gewalt angedroht oder angewandt haben.

Gewaltandrohung/-anwendung

> **DEFINITION**
>
> **Gewaltandrohung** bzw. **-anwendung** meint grundsätzlich die Androhung oder Anwendung physischer Zwangsmittel.

Davon umfasst sind nach allgemeiner Meinung jedoch nicht nur koordinierte Einsätze von Streitkräften. Vielmehr muss zum effektiven Schutz des Souveränitätsprinzips das Merkmal der Gewalt so weit ausgelegt werden, dass grundsätzlich auch die Unterstützung paramilitärischer Gruppen in anderen Staaten als Gewalt zu verstehen ist. Dazu muss jedoch eine gewisse Schwelle der Einflussnahme auf solche Gruppen überschritten werden.

Vorliegend hat Bossy den „Contras" finanzielle Hilfe und Waffen geschickt und außerdem ihre Kämpfer trainiert.
Zwischen diesen Arten der Unterstützung ist zu unterscheiden.
Finanzielle Unterstützung kann die Rebellengruppe zwar zur Anschaffung von Waffen nutzen, aber beispielsweise auch für Lebensmittel oder Werbemittel. Ein Staat, der paramilitärische Gruppen bloß finanziell unterstützt, hat aber keinerlei Möglichkeit die Art der Verwendung der finanziellen Mittel zu bestimmen. Insoweit kann also nicht von Anwendung von Gewalt gesprochen werden.

Bewaffnung, Ausbildung und Entsendung paramilitärischer Gruppen bergen dagegen das gleiche Gefahrenpotenzial für die staatliche Integrität wie der Einsatz regulärer Streitkräfte. Daher stellen diese Maßnahmen eine indirekte Form der Gewaltanwendung dar.
Bossy hat also durch die Bewaffnung und Ausbildung der „Contras" Gewalt gegen CheGuevara angewandt.

Differenzierung

Finanzielle Unterstützung

Bewaffnung, Ausbildung und Entsendung

> **KLAUSURHINWEIS**
> Hier muss genau differenziert werden zwischen den Handlungen von Bossy.

b) Rechtfertigung
Die Gewaltanwendung könnte jedoch durch das ebenfalls völkergewohnheitsrechtlich geltende Selbstverteidigungsrecht gerechtfertigt sein. Zwar hat CheGuevara keinen bewaffneten Angriff auf Bossy selbst verübt, jedoch bestand der Verdacht, er hätte revolutionäre Bewegungen in seinen Nachbarstaaten unterstützt, was grundsätzlich einen indirekten bewaffneten Angriff darstellen könnte. Dieser löst sowohl das individuelle als auch das kollektive Selbstverteidigungsrecht aus. Allerdings ist vorliegend nicht bewiesen, dass CheGuevara tatsächlich die revolutionären Bewegungen in seinen Nachbarländern unterstützte und welche Intensität diese Unterstützung ggf. erreichte. Ein bewaffneter Angriff, welcher das Selbstverteidigungsrecht auslöst, wird bei indirektem Handeln erst bei der Entsendung paramilitärischer Gruppen durch einen Staat angenommen. Bloße finanzielle Hilfe oder Waffenlieferungen genügen hierfür nicht (s.o.). Zudem gingen die anderen Nachbarstaaten CheGuevaras nicht von einem bewaffneten Angriff aus und haben Bossy keineswegs um Beistand gebeten.

Selbstverteidigungsrecht

Eine Rechtfertigung durch das völkergewohnheitsrechtliche Selbstverteidigungsrecht scheidet daher aus.

Damit verstoßen die Bewaffnung und Ausbildung der „Contras" gegen das völkergewohnheitsrechtliche Gewaltverbot, nicht aber ihre finanzielle Unterstützung.

> **KLAUSURHINWEIS**
> Auch diese Ausführungen zeigen, dass in einer Klausur ganz genau auf die Angaben im Sachverhalt zu achten ist. Gelungene Klausuren enthalten nicht bloß abstrakte rechtliche Ausführungen.

2. Verstoß gegen das Interventionsverbot

Die Unterstützung der „Contras" durch Bewaffnung, Ausbildung und auch schon die finanzielle Unterstützung missachtet das völkergewohnheitsrechtliche Interventionsgebot (zur Definition s.o.). Da auch eine Rechtfertigung nicht in Betracht kommt, liegt insoweit ein Verstoß gegen das Interventionsverbot vor.

III. VERMINUNG DES HAFENS

Das Verminen des Hauptstadthafens stellt die Anwendung militärischer Gewalt dar, weshalb Bossy auch hierdurch gegen das Gewalt- und auch das Interventionsverbot verstoßen hat. Eine Rechtfertigung ist nicht ersichtlich.

C. Ergebnis

Bossy hat durch die Bewaffnung und Ausbildung der „Contras" sowie durch die Verminung des Hafens gegen das völkergewohnheitsrechtliche Gewalt- und Interventionsverbot verstoßen. Weiterhin verletzt die finanzielle Unterstützung der „Contras" das Interventionsverbot. Dahingegen ist die Einstellung der Entwicklungshilfe völkerrechtlich zulässig.

Die Klage CheGuevaras ist zulässig und überwiegend begründet und hat damit zum Großteil Erfolg. Nach Art. 94 I UNC hat Bossy als Mitglied der UN das Urteil des IGH zu befolgen.

STAATENVERANTWORTLICHKEIT

DEFINITION
Mit „**Staatenverantwortlichkeit**" sind die Voraussetzungen gemeint, unter denen ein Staat für den Verstoß gegen das Völkerrecht verantwortlich ist.

Staatenverantwortlichkeit

Die völkerrechtlichen Pflichten stellen insoweit Primärrecht, die Regelungen der Staatenverantwortlichkeit Sekundärrecht dar. Letztere wurden bisher zwar nicht in einem bindenden Völkerrechtsvertrag festgelegt, entwickelten sich aber zu bindendem Völkergewohnheitsrecht. Zunächst jedoch gab es kein Dokument, das diese Regelungen zusammenfasste oder überhaupt in Schriftform brachte, weshalb über ihre Geltung Unklarheit bestand. Insbesondere aus diesem Grund wurden die grundlegenden Regelungen von der ILC im Jahr 2001 in den sog. „**Draft Articles on the Responsibility of States for Internationally Wrongful Acts**" (im Folgenden: ILC-Artikel) verschriftlicht. Diese wurden zwar von der UN-Generalversammlung als Resolution 56/83 angenommen, sind aber dadurch nicht für Staaten verbindlich (s.o. 2., 3. Teil, F.).

Differenzierung:
Primärrecht ←→ Sekundärrecht

ILC-Artikel
Zur ILC s.o. 2. Kap., 2. Teil, B.

KLAUSURHINWEIS
In einer Klausur ist immer einleitend darauf hinzuweisen, dass die im Folgenden zitierten ILC-Artikel nicht selbst bindende Regelungen darstellen, sondern nur die Verschriftlichung von bindendem Völkergewohnheitsrecht darstellen.

Weiterhin ist zu beachten, dass die ILC-Artikel nicht in jedem Fall anwendbar sind. Einige internationale Vertragsregime haben selbst Regelungen zur Verantwortlichkeit aufgestellt, die insoweit wegen ihrer Spezialität die ILC-Artikel verdrängen.

Spezialvorschriften zu den ILC-Artikeln

BEISPIELE: Solche Vertragsregime sind insbesondere das Allgemeine Zoll- und Handelsabkommen (GATT) und die Europäische Menschenrechtskonvention.

> **KLAUSURHINWEIS**
> In einer Klausur ist zunächst zu prüfen, ob der zu beurteilende Sachverhalt einem Vertragsregime unterfällt, das eigene, spezielle Regelungen zur Staatenverantwortlichkeit enthält.

Vergleichbarkeit mit nationalem Deliktsrecht

Die Regelungen der Staatenverantwortlichkeit ähneln grundsätzlich dem innerstaatlichen Deliktsrecht: Voraussetzung ist ein zurechenbarer Normverstoß, der nicht gerechtfertigt ist.

Voraussetzungen der Staatenverantwortlichkeit

Im Unterschied zum innerstaatlichen Deliktsrecht muss der Normverstoß nicht durch Individuen, sondern durch Völkerrechtssubjekte begangen werden. Da Völkerrechtssubjekte nur durch ihre Vertreter handeln können, erschwert dies die Zurechenbarkeit von Handlungen und Unterlassungen. Zudem ist umstritten, ob die Staatenverantwortlichkeit auch eine Schuld des Staates voraussetzt. Die h.M. fordert nur dann keine Schuldprüfung, wenn der Staat zuvor einen bestimmten Erfolg garantiert hatte; in allen anderen Fällen sei zumindest die Verletzung eines objektiven Sorgfaltsmaßstabs (sog. **due diligence**) erforderlich.

Problem: Verschulden

Aus diesen Überlegungen ergibt sich folgender Prüfungsaufbau:

PRÜFUNGSSCHEMA

STAATENVERANTWORTLICHKEIT

I. Zwei deliktsfähige Staaten
II. Zurechenbares Verhalten
III. Normverstoß
IV. Keine Rechtfertigung
   1. Einwilligung
   2. Selbstverteidigung
   3. Gegenmaßnahmen
   4. Höhere Gewalt
   5. Persönliche Notlage/Staatsnotstand

… Teil – Voraussetzungen der Staatenverantwortlichkeit

1. Teil – Voraussetzungen der Staatenverantwortlichkeit

A. Zwei deliktsfähige Staaten

Die oben zitierten ILC-Artikel behandeln nur die Verantwortlichkeit von Staaten. Insofern müssen ein oder mehrere Staaten mindestens eine ihrer völkerrechtlichen Pflichten verletzt haben. Die Verantwortlichkeit dieses Staates oder dieser Staaten kann zudem nur von einem oder mehreren Staaten geltend gemacht werden, Art. 42 ff. ILC-Artikel. Daher müssen mindestens zwei Staaten vorliegen, nämlich ein potentiell Verantwortlicher sowie einer, der die Verantwortlichkeit geltend macht.

Mindestens zwei Staaten

Beide Staaten müssen zudem deliktsfähig sein. Der potentiell verantwortliche Staat muss dazu im völkerrechtlichen Sinn handlungsfähig sein, also insbesondere kein sog. **"failed state"** sein (s. dazu oben 5. Kapitel, 2. Teil, C., I.). Der Staat, der die Verantwortlichkeit geltend macht, muss hingegen nicht zwingend handlungsfähig, allerdings zumindest rechtsfähig sein.

Deliktsfähigkeit = Handlungsfähigkeit

Zusätzlich gibt es seit 2011 auch die sog. **Draft Articles on the Responsibility of International Organizations**. Diese Artikel stellen eine Verschriftlichung der völkergewohnheitsrechtlich entwickelten Regeln zur Verantwortlichkeit von internationalen Organisationen dar und widmen sich daher vor allem den daraus folgenden Besonderheiten. Allerdings gleichen sie im Wesentlichen den oben genannten ILC-Artikeln und werden daher hier nicht gesondert erläutert.

Verantwortlichkeit internat. Organisationen

B. Zurechenbares Verhalten

Aufgrund der Komplexität eines Staates und insbesondere der Vielzahl von Personen, aus denen er besteht, ist die Zurechenbarkeit von Handlungen oder Unterlassungen von Individuen zu einem Staat äußerst schwierig. Würde die Zurechenbarkeit daher eng definiert werden, könnte ein Staat stets auf ein Individuum verweisen und so seiner Verantwortlichkeit entrinnen. Auf der anderen Seite kann ein Staat allerdings auch nicht für jedes Handeln oder Unterlassen eines Individuums, das irgendeine Verbindung zu ihm hat, völkerrechtlich verantwortlich gemacht werden.

Ausgangslage

Die Regelungen zur Zurechenbarkeit, die in Art. 4-11 ILC-Artikel verschriftlicht sind, tragen diesem Zwiespalt Rechnung und weisen daher einige Besonderheiten auf. Grundsätzlich ist jede Handlung oder Unterlassung eines staatlichen Organs zurechenbar, Art. 4 ILC-Artikel. Dies ist insbesondere auch dann der Fall, wenn diese Organe unter Überschreitung ihrer Kompetenz oder entgegen bestehender Weisungen gehandelt haben

Art. 4-11 ILC-Artikel

(Art. 7 ILC-Artikel; sog. **ultra vires-Handlungen**). Zudem kann sogar das Handeln privater, also gerade nicht vom Staat beschäftigter Individuen unter bestimmten Umständen zurechenbar sein (Art. 8-11 ILC-Artikel).

Uneinigkeit besteht bezüglich der Definition der Begriffe „Leitung" („direction") und „Kontrolle" („control") in Art. 8 ILC-Artikel. Der IGH erklärte im Fall *Nicaragua* (1986), hierfür sei eine effektive Kontrolle („effective control") erforderlich. Eine allgemeine Anleitung durch den Staat reiche gerade nicht aus, sondern der Handelnde müsse sogar als De-facto-Organ des Staates aufgefasst werden können. Hingegen sah der Internationale Strafgerichtshof für das ehemalige Jugoslawien (ICTY) im Fall *Tadić* (1997) eine generelle Kontrolle („overall control") je nach den Umständen des Einzelfalles für ausreichend an. Der Fall *Tadić* allerdings betraf die Strafverantwortlichkeit eines Individuums, weshalb der IGH im Fall *Genocide Convention* (2007) die Ansicht des ICTY als für die Regelungen der Staatenverantwortlichkeit unangemessen einstufte und das von ihm aufgestellte Erfordernis einer effektiven Kontrolle wiederholte.

> **KLAUSURHINWEIS**
> Diese Problematik der Kontrolle von Individuen durch einen Staat ist ein beliebtes Klausurthema, weshalb die oben genannte Fallreihenfolge in einer entsprechenden Klausur dargestellt werden sollte.

Problematisch ist zudem auch die Haftung eines Bundesstaates für die Handlungen oder Unterlassungen seiner Gliedstaaten. Dieses Problem taucht insbesondere auf, wenn ein Gliedstaat einen völkerrechtlichen Vertrag mit einem Völkerrechtssubjekt abschließt und sodann gegen diesen Vertrag verstößt. Der h.M. zufolge haftet dennoch der Bundesstaat und nicht der Gliedstaat. Dieser Auffassung schloss sich auch der IGH im Fall *LaGrand* (2001) an.

Im Unterschied zum innerstaatlichen Deliktsrecht gibt es im Völkerrecht eine Gefährdungshaftung nur in sehr eingeschränktem Umfang. Abgesehen von dem nur selten einschlägigen Übereinkommen über die völkerrechtliche Haftung für Schäden durch Weltraumgegenstände (1972) existieren keine Völkerrechtsverträge, die eine Gefährdungshaftung vorsehen, und auch das Völkergewohnheitsrecht enthält diesbezüglich keine eindeutigen Regelungen.

C. Normverstoß

Ein Staat muss eine völkerrechtliche Pflicht verletzen, Art. 12 ff. ILC-Artikel. Meist folgt diese aus einem völkerrechtlichen Vertrag, Völkergewohnheitsrecht oder allgemeinen Rechtsgrundsätzen.

Zu unterscheiden sind in diesem Zusammenhang zwei verschiedene Arten von völkerrechtlichen Verpflichtungen. Auf der einen Seite gibt es eher hart formulierte Verpflichtungen, die genau festlegen, welches Ziel ein Staat erreichen soll (sog. **"obligations of result"**). Im Falle solcher Pflichten ist ein Normverstoß oft leicht feststellbar. Auf der anderen Seite existieren im Völkerrecht aber auch viele eher weich formulierte Verpflichtungen, die nur festlegen, dass ein Staat eine bestimmte Handlung vornehmen oder alles in seiner Macht Stehende tun soll, um ein bestimmtes Ziel zu erreichen. Solche Verpflichtungen richten sich also auf die Handlung und nicht das Ziel an sich (sog. **"obligations of conduct"**). In Bezug auf solche Pflichten ist ein Normverstoß so gut wie nie feststellbar, weil es an hinreichend bestimmten Pflichten fehlt.

Normverstoß = Verstoß gegen völkerrechtliche Pflicht

Obligations of result

Obligations of conduct

BEISPIEL: Art. 2 I IPwirtR beinhaltet obligations of conduct, nämlich folgende Formulierung: „Jeder Vertragsstaat verpflichtet sich, einzeln und durch internationale Hilfe und Zusammenarbeit, insbesondere wirtschaftlicher und technischer Art, unter Ausschöpfung aller seiner Möglichkeiten Maßnahmen zu treffen, um nach und nach mit allen geeigneten Mitteln, vor allem durch gesetzgeberische Maßnahmen, die volle Verwirklichung der in diesem Pakt anerkannten Rechte zu erreichen".

D. Keine Rechtfertigung

Die Möglichkeiten einer Rechtfertigung des zurechenbaren Normverstoßes sind in Art. 20-27 ILC-Artikel verschriftlicht und ähneln denen des deutschen Deliktsrechts. Im Unterschied zum deutschen innerstaatlichen Deliktsrecht aber kann eine Rechtfertigung ausgeschlossen sein, und zwar im Falle der Verletzung einer *ius cogens*-Regelung, Art. 26 ILC-Artikel (siehe zu *ius cogens* oben 5. Kapitel, 6. Teil).

Art. 20-27 ILC-Artikel Vergleich mit deutschem Deliktsrecht

Grundsätzlich gibt es die folgenden Rechtfertigungsgründe:

> **KLAUSURHINWEIS**
> Insbesondere die Gegenmaßnahmen und höhere Gewalt sind häufig in Klausuren zu prüfen.

I. EINWILLIGUNG, Art. 20 ILC-Artikel

Ähnlich wie im deutschen Strafrecht

Wie auch im innerstaatlichen Recht ist die vorherige Einwilligung eines Staates in das seine Rechte verletzende Verhalten eines anderen Staates grundsätzlich ein rechtfertigender Umstand. Die Prüfung für die Einwilligung ist grob mit dem im deutschen Strafrecht vergleichbar. Insbesondere muss somit die Einwilligung in rechtsgültiger Form (wenn auch nur stillschweigend) erteilt worden sein, der einwilligende Staat muss über die Rechtsgüter, in die eingegriffen wurde, verfügungsbefugt sein und das eingreifende Verhalten muss sich im Rahmen der erteilten Einwilligung halten.

II. SELBSTVERTEIDIGUNG, Art. 21 ILC-Artikel

Siehe dazu die Ausführungen unter 5. Kapitel, 2. Teil, D., I.

III. GEGENMASSNAHMEN, Art. 22, 49 ff. ILC-Artikel

> **DEFINITION**
>
> *Gegenmaßnahmen*
>
> **Gegenmaßnahmen** sind eine Reaktion eines Staates auf das völkerrechtswidrige Handeln oder Unterlassen eines anderen Staates mit dem Zweck, diesen zu einem völkerrechtsgemäßen Verhalten zu bringen, Art. 49 ILC-Artikel.

Gegenmaßnahmen sind ein besonderer Rechtfertigungsgrund der völkerrechtlichen Staatenverantwortlichkeit, vgl. Art. 22 ILC-Artikel.

Differenzierung
Repressalie ←→ Retorsion

In Hinsicht auf solche Gegenmaßnahmen muss begrifflich zwischen sog. **Repressalien** und sog. **Retorsionen** unterschieden werden.

> **DEFINITION**
>
> *Repressalien*
>
> **Repressalien** sind zwar völkerrechtswidrige, aber gerechtfertigte Gegenmaßnahmen.
>
> *Retorsionen*
>
> **Retorsionen** sind zwar Gegenmaßnahmen und damit „unfreundlich", verstoßen aber nicht gegen das Völkerrecht.

> **BEISPIELE** für Retorsionen: Einstellung der Zahlung finanzieller Hilfsmittel, zu der der bisher zahlende Staat nicht verpflichtet war; Abbruch der diplomatischen Beziehungen.

Da Retorsionen somit mangels Völkerrechtswidrigkeit nicht gerechtfertigt werden müssen, beziehen sich das entsprechende Völkergewohnheitsrecht und die ILC-Artikel nur auf Repressalien.

> **MERKSATZ**
> Es muss strikt zwischen den rechtfertigungsbedürftigen Repressalien und den ohne Weiteres zulässigen Retorsionen differenziert werden.

Die ILC-Artikel unterscheiden bezüglich der Repressalien zwischen unmittelbar und mittelbar verletzten Staaten. Staaten, die durch ein Handeln oder Unterlassen eines anderen Staates unmittelbar verletzt wurden, sind in Art. 42 ILC-Artikel beschrieben und können nach Art. 49-53 ILC-Artikel rechtmäßig Gegenmaßnahmen vornehmen. Mittelbar verletzte Staaten sind in Art. 48 ILC-Artikel definiert und können rechtmäßig Gegenmaßnahmen nach Art. 54 ILC-Artikel einleiten.

Unmittelbar verletzte Staaten: Art. 42, 49-53 ILC-Artikel Mittelbar verletzte Staaten: Art. 48, 54 ILC-Artikel

Zur **Prüfung der Zulässigkeit von Gegenmaßnahmen** bietet sich das folgende Schema an:

PRÜFUNGSSCHEMA

1. **Kein Ausschluss von Gegenmaßnahmen**
2. **Grund für die Gegenmaßnahmen**
3. **Zweck der Gegenmaßnahme**
4. **Vorherige Abmahnung**
5. **Verhältnismäßigkeit**

1. Kein Ausschluss von Gegenmaßnahmen, Art. 52 III ILC-Artikel

Gegenmaßnahmen sind zunächst ausgeschlossen, wenn Staaten dies untereinander vereinbart haben oder wenn ein Staat der ursprünglichen Maßnahme zugestimmt hat. Außerdem sollen Gegenmaßnahmen dem IGH im *Teheraner Geiselfall* (1980) zufolge bei Vertragsregimen ausgeschlossen sein, die selbst rechtliche Mechanismen enthalten, um auf die Nichterfüllung von Vertragspflichten zu reagieren (sog. **self-contained regimes**).

Ausschluss durch zwischenstaatliche Vereinbarung oder Zustimmung

2. Grund für die Gegenmaßnahme

Inzidente Prüfung

Hier ist grundsätzlich zu prüfen, ob der Staat, gegen den die Gegenmaßnahme vorgenommen wird, selbst für eine Pflichtverletzung völkerrechtlich verantwortlich ist. Es erfolgt also eine inzidente Prüfung der Verantwortlichkeit dieses Staates für dessen ursprüngliche Maßnahme oder Unterlassung.

Strittig: Berechtigt eine Verletzung von erga omnes-Pflichten jeden Staat zu Gegenmaßnahmen?

M.M.: Teleologische Argumentation

H.M.: Historische Auslegung

Problematisch ist in diesem Zusammenhang insbesondere, ob rechtmäßiger Grund für eine Gegenmaßnahme auch die Verletzung von *erga omnes*-**Pflichten** (s.o. 5. Kapitel, 6. Teil) sein kann. Fraglich ist insofern, ob „international crimes" eines Staates ein Grund für eine Gegenmaßnahme eines einzelnen Staates sind. Heutzutage wird dies von einer M.M. mit dem Argument bejaht, dass sich das Völkerrecht stark verändert habe. Insbesondere angesichts der Entwicklung von *ius cogens*-**Normen**, dem Aufkommen der individuellen Strafrechtsverantwortlichkeit im Völkerrecht, der starken Weiterentwicklung des Menschenrechtsschutzes und dem Ziel der Friedenssicherung der UN-Charta könne nicht davon ausgegangen werden, dass ein Staat angesichts von Verletzungen von *erga omnes*-**Pflichten** durch einen anderen Staat keine Gegenmaßnahmen einleiten dürfe. Allerdings wendet die wohl h.M. dagegen ein, dass die ILC in einem früheren Entwurf der ILC-Artikel zwischen zwei Arten von Pflichten unterschieden hatte, und zwar **„international crimes"** wie Völkermord und Sklaverei und **„international delicts"**. Letztere sollten alle unrechtmäßigen Handlungen umfassen, die keine „international crimes" seien. Im Falle eines „international crime" sollten alle Staaten zu Gegenmaßnahmen ermächtigt sein. Diese Regelung wurde allerdings sodann in den endgültigen Entwurfsartikeln gestrichen und durch die Art. 40 f. ILC-Artikel ersetzt, die aber nicht ausdrücklich zu Gegenmaßnahmen ermächtigen und sich zudem nur auf schwere Verletzungen von *ius cogens*-Normen beziehen. Deren Anwendungsbereich wurde also beschränkt, woraus die h.M. folgert, dass der ursprüngliche Entwurf nicht mit dem Völkergewohnheitsrecht übereinstimmte.

> **MERKSATZ**
>
> Nach h.M. berechtigen Verstöße gegen *erga omnes*-Pflichten nicht jeden Staat der Welt zu Gegenmaßnahmen, sondern nur diejenigen, die vom Pflichtverstoß unmittelbar betroffen sind.

3. Zweck der Gegenmaßnahme, Art. 49 I ILC-Artikel
Zweck der Gegenmaßnahme muss die Abwendung der Handlung des anderen Staates sein.

4. Vorherige Abmahnung, Art. 52 ILC-Artikel
Art. 52 ILC-Artikel sieht im Einzelnen vor, wie eine Abmahnung erfolgen muss und unter welchen Umständen sie ausnahmsweise unterbleiben kann.

5. Verhältnismäßigkeit, Art. 51 ILC-Artikel
Die Verhältnismäßigkeit ist grundsätzlich wie im deutschen Recht zu prüfen, auch wenn sie im Lichte der internationalen Rechtsbeziehungen nicht ebenso strikt angewandt werden kann, da die Maßnahme eines Staates und die darauf erfolge Gegenmaßnahme eines anderen Staates häufig völlig unterschiedliche Verhaltensweisen sind.

Abgeschwächte Verhältnismäßigkeitsprüfung

IV. HÖHERE GEWALT (SOG. FORCE MAJEURE; Art. 23 ILC-Artikel)
Höhere Gewalt ist als Rechtfertigungsgrund grundsätzlich möglich, ist aber selten einschlägig.

Sehr selten

BEISPIEL: Naturkatastrophen.

Man sollte sich hier vor allem die drei Voraussetzungen merken, die das Schiedsgericht im Fall *Rainbow Warrior Arbitration* (1990) feststellte und die kumulativ vorliegen müssen:

Voraussetzungen

(a) Ein Ausnahmeumstand von extremer Dringlichkeit,
(b) die Bemühung um die Einwilligung des anderen Staates und
(c) die Wiederherstellung des bisherigen *status quo ante*, sobald der Ausnahmeumstand entfallen ist.

V. PERSÖNLICHE NOTLAGE/STAATSNOTSTAND, Art. 24, 25 ILC-Artikel
Auch kann eine persönliche Notlage des Staates oder ein Staatsnotstand das Verhalten unbedingt erforderlich gemacht haben.

BEISPIELE: Staatliche Schiffe oder Flugzeuge, die während eines schweren Sturms unangekündigt Zuflucht auf fremdem Staatsgebiet suchen, sind hinsichtlich des Verstoßes gegen das Interventionsverbot grundsätzlich nach Art. 24 ILC-Artikel gerechtfertigt. Ein Beispiel für Art. 25 ILC-Artikel ist die Bombardierung des liberianischen, vor der Küste Großbritanniens auf Grund gelaufenen Öltankers „Torrey Canyon" im Jahr 1967. Da immer mehr Öl aus dem Tanker entwich, entschloss sich die britische Regierung den Tanker zu bombardieren. Dabei berief sie sich nicht ausdrücklich auf einen Notstand (mangels damaliger Existenz der ILC-Artikel war die Verwendung ihrer Begrifflichkeiten noch nicht verbreitet), aber auf das Bestehen einer äußerst gefährlichen Situation, bezüglich der alle anderen geeigneten Maßnahmen bereits gescheitert waren. Nach der Sprengung gab es keinen internationalen Protest, stattdessen wurde 1969 ein internationales Abkommen über den zukünftigen Umgang mit solchen Situationen geschlossen (Internationales Übereinkommen über Maßnahmen auf Hoher See bei Ölverschmutzungsunfällen).

2. Teil – Rechtsfolgen der Staatenverantwortlichkeit

Art. 28 ff. ILC-Artikel

Die Rechtsfolgen aus der Staatenverantwortlichkeit sind in Art. 28 ff. ILC-Artikel verschriftlicht und sehen zunächst gewisse Haftungspflichten des verantwortlichen Staates vor (sog. **Sekundärpflichten**). Danach ist dieser Staat vor allem dazu verpflichtet, das völkerrechtswidrige Verhalten sofort einzustellen und nicht zu wiederholen (Art. 30 ILC-Artikel) und eventuell entstandene Nachteile wiedergutzumachen (Art. 31, 34 ff. ILC-Artikel), vorrangig durch Naturalrestitution (Art. 35 ILC-Artikel). Zudem führt die Verantwortlichkeit eines Staates für seine Handlung oder Unterlassung zu dem Recht anderer Staaten zur Geltendmachung dieser Verantwortlichkeit (Art. 42, 48 ILC-Artikel) und eventuell zu einem Recht zu Gegenmaßnahmen i.R.d. Art. 49 ff. ILC-Artikel.

Unterlassung
Wiedergutmachung

Gegenmaßnahmen

Besonderheit bei ius cogens

Bei Verletzung einer *ius cogens*-Norm gelten nach den ILC-Artikeln besondere Regelungen, Art. 40 f. ILC-Artikel. Danach sollen insbesondere alle Staaten zusammenarbeiten, um eine solche Verletzung zu beenden, und diese nicht als rechtmäßig anerkennen oder gar Unterstützung leisten.

> **KLAUSURHINWEIS**
> In einer Klausur darf auf Art. 40 f. ILC-Artikel nicht abgestellt werden, weil dieser Artikel nach h.M. noch nicht bindendes Völkergewohnheitsrecht ist.

DIE VEREINTEN NATIONEN

Noch während des Zweiten Weltkrieges bereiteten die Alliierten und ihre Verbündeten neue Entwürfe für die künftige Weltfriedensordnung vor. Dabei wollten sie aus den Fehlern des Völkerbundes - der vorherigen Weltfriedensorganisation, die jedoch nicht juristischer Rechtsvorgänger war - lernen. Auf der Konferenz von San Francisco wurde die Charta der Vereinten Nationen erarbeitet und schließlich am 26. Juni 1945 von den 50 Gründungsstaaten unterzeichnet. Nach Hinterlegung der gem. Art. 110 III UNC erforderlichen Anzahl an Ratifikationsurkunden trat die UN-Charta am 24. Oktober 1945 in Kraft. Die Vereinten Nationen waren geboren. Herzstück der UN als System kollektiver Sicherheit ist ein umfassendes Gewaltverbot zwischen den Staaten mit dem korrespondierenden Gewaltmonopol des UN-Sicherheitsrats. Sie ist die einzige universelle internationale Organisation. Im Gegensatz zur Rechtspersönlichkeit anderer internationaler Organisationen gilt diese somit auch gegenüber Nichtmitgliedern. Die Tätigkeit der UN war in der Vergangenheit deutlich vom Kalten Krieg und der Dekolonisation geprägt. Inzwischen dominieren Fragen des Menschenrechtsschutzes, insbesondere in lokalen Konflikten.

Völkerbund

Gewaltverbot zwischen den Staaten und Gewaltmonopol des UN-Sicherheitsrats
Einzige universelle internat. Organisation

MERKSATZ
Die **Völkerrechtsfähigkeit internationaler Organisationen** besteht grundsätzlich nur gegenüber ihren Mitgliedstaaten. Gegenüber Drittstaaten ist eine internationale Organisation nur völkerrechtsfähig, wenn diese sie als Völkerrechtssubjekt anerkennen. Nur bei der UN ist dies anders. Sie ist allen Staaten gegenüber völkerrechtsfähig (objektive Rechtspersönlichkeit der UN, s.o. 1. Kapitel, 2. Teil, A.).

1. Teil – Die Ziele und Grundsätze der Vereinten Nationen

Die Ziele der Vereinten Nationen sind in der Präambel und Art. 1 UNC normiert. Es handelt sich dabei keineswegs um unverbindliche programmatische Absichtserklärungen, sondern um verbindliche Normen, die von den Mitgliedern der UN und den Organen der UN beachtet werden müssen.

Die Grundsätze aus Art. 2 UNC statuieren den universellen Verhaltenskodex der Staatengemeinschaft zur Erreichung dieser Ziele (siehe dazu das 5. Kapitel „Grundsätze des Völkerrechts").

Hauptziel: Wahrung des Weltfriedens

Hauptziel der UN ist die Wahrung des Weltfriedens und der internationalen Sicherheit. Dies wird schon durch die prominente Platzierung dieses Ziels in Art. 1 Nr. 1 UNC deutlich. Bedrohungen des Friedens und Friedensbrüche sollen durch die Verpflichtung zur friedlichen Streitbeilegung nach Kapitel VI der UNC und das universelle System der kollektiven Sicherheit nach Kapitel VII der UNC realisiert werden.

Umsetzung: Kap. VI, VII UNC

2. Teil – Mitgliedschaft in den Vereinten Nationen

Gründungsmitglieder: Art. 3 UNC
Neumitglieder: Art. 4 UNC

Kapitel II der UNC behandelt die Mitgliedschaft in der UN. Unterschieden werden die ursprünglichen Mitglieder nach Art. 3 UNC und die Mitglieder, die für den Beitritt das formelle Verfahren und die materiellen Bedingungen nach Art. 4 UNC erfüllen müssen. Art. 5 UNC regelt die Suspendierung der Mitgliedschaftsrechte und Art. 6 UNC den Ausschluss eines Mitglieds der UN. Ein Austritt ist nicht in der UNC vorgesehen.

BEISPIEL: 1965 trat Indonesien zwar aus der UN aus, bezeichnete diesen Austritt jedoch ein Jahr später als ein Ruhenlassen der Mitgliedschaft und nahm ohne formelle Wiederaufnahme und ohne Protest anderer Mitglieder die Mitarbeit wieder auf.

Inzwischen sind nahezu alle Staaten der Welt Mitglied der UN.

BEISPIEL: Kein Mitglied der UN ist der Vatikan (dieser hat jedoch Beobachterstatus mit Rederecht in der Generalversammlung).

Feindstaat

Der Begriff des „Feindstaates" aus Art. 53, Art. 107 UNC ist durch den Beitritt aller ehemaligen „Feindstaaten" in die UN mittlerweile überholt. Folglich bedeutet dies etwa für Deutschland keinen nachteiligen Mitgliedsstatus.

3. Teil – Organe der Vereinten Nationen

Die Struktur der UN ähnelt einer verzweigten „Patchwork-Familie". Gem. Art 7 UNC werden als Hauptorgane der Vereinten Nationen die Generalversammlung, der Sicherheitsrat, der Wirtschafts- und Sozialrat, der Treuhandrat, der Internationale Gerichtshof und das Sekretariat eingesetzt. Sitz der Hauptorgane ist New York. Lediglich der IGH ist in Den Haag beheimatet. Die Zusammensetzung und die Aufgaben der Organe regelt die UNC. Verfahrensmäßige Fragen hingegen stehen in den Geschäftsordnungen der Organe.

Patchwork-Familie

New York
Den Haag

Die Generalversammlung und der Sicherheitsrat können innerhalb ihrer Kompetenzen Nebenorgane einsetzen gem. Art. 7 II UNC i.V.m. Art. 22 UNC bzw. Art. 29 UNC.

BEISPIELE: Nebenorgane der Generalversammlung sind der Menschenrechtsrat und die ILC (welche die Aufgabe der Kodifizierung und Weiterentwicklung von Völkergewohnheitsrecht wahrnimmt).
Nebenorgan des Sicherheitsrats ist der Internationale Strafgerichtshof für das ehemalige Jugoslawien.

DEFINITION
Sonderorganisationen sind selbstständige internationale Organisationen, die gem. Art. 57 UNC durch Sonderabkommen vertraglich eng mit der UN verbunden sind und Tätigkeiten aus dem Bereich des Wirtschafts- und Sozialrats wahrnehmen.

Sonderorganisation

BEISPIELE: Internationale Arbeiterorganisation, UNESCO, Weltgesundheitsorganisation, Internationaler Währungsfonds und Weltbank.

DEFINITION
Spezialorgane hingegen sind keine selbstständigen internationalen Organisationen und sind an Weisungen der Generalversammlung gebunden.

Spezialorgane

BEISPIELE: UNICEF (United Nations International Children's Emergency Fund), UNDP (United Nations Development Programme) und UNEP (United Nations Environment Programme).

MERKSATZ
Sonderorganisationen sind rechtlich selbständig, Spezialorgane hingegen nicht.

A. Die Generalversammlung

Plenarorgan

Pro Mitgliedstaat eine Stimme

Die Generalversammlung ist das Plenarorgan der UN, welches aus allen Mitgliedern besteht, Art. 9 I UNC. Entsprechend dem Grundsatz der souveränen Gleichheit der Staaten hat jedes Mitglied eine Stimme in der Generalversammlung, Art. 18 I UNC. Grundsätzlich genügt für einen Beschluss eine einfache Mehrheit der Stimmen, wobei Enthaltungen nicht mitgezählt werden. Für wichtige Fragen i.S.d. Art. 18 II 2 UNC ist eine Zweidrittelmehrheit erforderlich.

Verbindliche Beschlüsse kann die Generalversammlung nur in organisatorischen Fragen treffen.

BEISPIELE: Neuaufnahme von Mitgliedern, Beschluss des Haushalts der UN

Grundsätzlich nur Empfehlungen

Darüber hinaus kann sie gem. Art. 10 UNC alle Angelegenheiten erörtern, die in den Aufgabenbereich der UNC fallen und dazu Empfehlungen abgeben. Diese Befugnis wird durch Art. 12 UNC eingeschränkt. Danach darf die Generalversammlung solange keine Empfehlung zu einer Streitigkeit abgeben, wie der Sicherheitsrat diese Aufgabe wahrnimmt.

Strittig: Wiederaufleben des Empfehlungsrechts bei Veto-Blockade im Sicherheitsrat

Ob das Empfehlungsrecht der Generalversammlung im Fall einer Veto-Blockade des Sicherheitsrats wieder auflebt, ist umstritten. Ein Wiederaufleben der Empfehlungszuständigkeit sprach sich die Generalversammlung in der Korea-Krise 1950 in ihrer „Uniting for peace Resolution" selbst zu. Dieser Sichtweise schloss sich der IGH im *Certain Expenses of the United States*-Gutachten (1962) an. Dagegen sprechen jedoch der Wortlaut, die Systematik und die Entstehungsgeschichte der UN-Charta. Die Möglichkeit einer Blockade ist in der Charta sehenden Auges angelegt worden. Die Ausübung des Vetorechts aus Art. 27 III UNC kann eine durchaus sinnvolle Wahrnehmung der Kompetenzen des Sicherheitsrats darstellen, z.B. wenn der Staat davon ausgeht, dass die Voraussetzungen für Ausübung von Zwangsmitteln nach Kapitel VII der UNC nicht vorliegt.

> **MERKSATZ**
> Auch bei einer Veto-Blockade im UN-Sicherheitsrat greift die Beschränkung des Art. 12 I UNC, d.h. die Generalversammlung darf keine Empfehlung abgeben.

B. Der Sicherheitsrat

Der Sicherheitsrat trägt als Exekutivorgan der UN gem. Art. 24 I UNC die Hauptverantwortung für die Wahrung des Weltfriedens und der internationalen Sicherheit. Er setzt sich aus den fünf ständigen Mitgliedern (China, Frankreich, Russland, Großbritannien und USA) und zehn von der Generalversammlung für zwei Jahre gewählten nicht-ständigen Mitgliedern zusammen.

5 ständige Mitglieder

10 nicht-ständige Mitglieder

Seine Beschlüsse sind gem. Art. 25 UNC für die Mitglieder der UN verbindlich.

Beschlüsse sind verbindlich

Strittig ist, inwieweit die Maßnahmen des Sicherheitsrats rechtlich überprüft werden können. Vertreten wird ein Entfallen der Bindungswirkung bei evidenter Rechtswidrigkeit der Beschlüsse. Dagegen steht der Wortlaut des Art. 25 UNC und die Frage, wer über die Qualifikation als „evidenten Rechtsverstoß" entscheiden soll.

Strittig: Rechtliche Überprüfung der Beschlüsse

Beschlüsse über Verfahrensfragen bedürfen der Zustimmung von neun Mitgliedern des Sicherheitsrats.

BEISPIEL: Eine Verfahrensfrage ist etwa den Beschluss der Tagesordnung.

Für alle Fragen außer Verfahrensfragen bedürfen der Zustimmung von neun Mitgliedern des Sicherheitsrats, einschließlich der Zustimmung aller ständigen Mitglieder, Art. 27 III UNC. Somit ist in der UN-Charta nicht von einem „Vetorecht" die Rede, sondern von der Zustimmung aller ständigen Mitglieder, was faktisch auf dasselbe Ergebnis hinausläuft. Auch das Erfordernis der positiven Zustimmung wird in der Praxis des Sicherheitsrats großzügig gehandhabt. So hindert weder die Enthaltung noch das gänzliche Fernbleiben eines ständigen Mitglieds des Sicherheitsrats einen Beschluss. Dies ist zwar nicht ausdrücklich normiert, hat sich aber mittlerweile zu organisationsinternem Gewohnheitsrecht entwickelt.

Vetorecht der ständigen Mitglieder

Enthaltung und Fernbleiben eines ständigen Mitglieds

"Doppeltes Veto"

Bei Uneinigkeit über die Behandlung einer Frage als verfahrensrechtlich oder materiell kann ein ständiges Mitglied durch Veto die Einordnung einer Frage als verfahrensrechtlich verhindern und anschließend auch in der Sache ein Veto einlegen. In diesem Fall spricht man vom sog. **„doppelten Veto".**

"Umgekehrtes Veto"

Von einem **„umgekehrten Veto"** spricht man, wenn der Sicherheitsrat ohne zeitliche Begrenzung zu Zwangsmaßnahmen ermächtigt und ein ständiges Mitglied später die Beendigung der Ermächtigung durch Einlegen eines Vetos verhindert.

Das Vetorecht der fünf ständigen Mitglieder und die Zusammensetzung des Sicherheitsrats manifestiert die Machtverhältnisse am Ende des Zweiten Weltkrieges und spiegelt nicht die aktuellen Macht- und Bevölkerungsverhältnisse in der Weltgemeinschaft wider. Bestrebungen zu Reformen scheiterten bislang jedoch an den Widerständen der Generalversammlung und der ständigen Mitglieder, die auf ihre exklusiven Privilegien nicht verzichten möchten.

MERKSATZ

Beschlüsse des Sicherheitsrats sind verbindlich und rechtlich nicht überprüfbar. Den ständigen Mitgliedern des Sicherheitsrats (China, Frankreich, Russland, Großbritannien und USA) steht ein Vetorecht zu, das auch auf die Einstufung einer Entscheidung als Verfahrensfrage erstreckt.

C. Das Sekretariat

Verwaltung und Repräsentation der UN

Das Sekretariat ist für die Verwaltung und Repräsentation der UN verantwortlich. Es besteht aus dem Generalsekretär und den Verwaltungsbeamten, Art. 97 S. 1 UNC. Gem. Art. 97 S. 2 UNC wird der Generalsekretär auf Empfehlung des Sicherheitsrats von der Generalversammlung ernannt.

Amtsdauer des Generalsekretärs nicht normiert

Er ist als höchster Verwaltungsbeamter der Dienstherr der von den Mitgliedstaaten weisungsunabhängigen Bediensteten, Art. 97 S. 3 UNC. Die übliche Amtsdauer von fünf Jahren ist nicht durch die UNC festgelegt.

Politische Aufgaben

Neben den administrativen (Art. 98 UNC) und repräsentativen Aufgaben nimmt der Generalsekretär auch politische Aufgaben war. So kann er gem. Art. 99 UNC den Sicherheitsrat auf jede Angelegenheit aufmerksam machen, die nach seiner Einschätzung geeignet ist den Weltfrieden und die internationale Sicherheit zu gefährden. Der Generalsekretär kann bei Streitigkeiten auf Wunsch der Konfliktparteien, aus eigener Initiative oder im Auftrag der Generalversammlung bzw. des Sicherheitsrats als neutraler Vermittler auftreten.

D. Der Internationale Gerichtshof

Der Internationale Gerichtshof (IGH) mit Sitz in Den Haag ist gem. Art. 92 S. 1 UNC das Hauptrechtsprechungsorgan der UN. Das IGH-Statut regelt den Aufbau, die Zuständigkeiten und das Verfahren vor dem IGH und ist gem. Art. 92 S. 2 UNC Bestandteil der Charta. Der IGH besteht grundsätzlich aus 15 Richtern, die von der Generalversammlung und dem Sicherheitsrat gewählt werden, Art. 3 I, 4 I IGH-Statut.

Hauptrechtsprechungsorgan

Die Zuständigkeit des IGH für Streitigkeiten zwischen Staaten ist nur begründet, wenn die Staaten sich im Einzelfall der Jurisdiktion des IGH unterworfen haben (Art. 36 I IGH-Statut) oder beide die obligatorische Zuständigkeit des IGH anerkannt haben. Gem. Art. 94 I UNC haben die Entscheidungen des IGH nur Bindungswirkung zwischen den Parteien (inter partes). Gem. Art. 96 UNC kann die Generalversammlung oder der Sicherheitsrat über jede Rechtsfrage ein Gutachten des IGH anfordern. Diesen Gutachten kommt trotz der rechtlichen Unverbindlichkeit ein erhebliches politisches Gewicht zu.

Zuständigkeit des IGH

BEISPIEL: Gutachten des IGH zum israelischen Mauerbau in den besetzen Palästinsergebieten (2004).

E. Der Wirtschafts- und Sozialrat

Der Wirtschafts- und Sozialrat ist unter der Ägide der Generalversammlung für die Koordination der internationalen Zusammenarbeit in wirtschaftlichen und sozialen Fragen und die Verwirklichung der in Art. 55 UNC genannten Ziele verantwortlich. Er setzt sich aus 54 von der Generalversammlung gewählten Mitgliedern der UN zusammen, Art. 61 I UNC. Ihm steht die Kompetenz zu über internationale wirtschaftliche, soziale, kulturelle und menschenrechtliche Angelegenheiten Untersuchungen durchzuführen, Konferenzen einzuberufen, Übereinkommensentwürfe vorzuschlagen und Empfehlungen auszusprechen, Art. 62 UNC. Weiterhin koordiniert er auch die Tätigkeit der Sonderorganisationen in seinem Aufgabenfeld (siehe zu den Sonderorganisationen oben 3. Teil).

Koordinierungsaufgabe

F. Der Treuhandrat

Verwaltungseinrichtung — Der Treuhandrat war für die Verwaltung von Mandatsgebieten der UN zuständig. Dabei handelt es sich gem. Art. 73 I UNC um abhängige Gebiete „deren Völker noch nicht die volle Selbstregierung erreicht haben". Diese wurden zeitlich begrenzt durch den Völkerbund und die UN bzw. deren Mitgliedstaaten verwaltet, um einen geordneten Übergang in die Staatlichkeit zu gewährleisten.

BEISPIELE: Frühere Mandatsgebiete waren Palästina und Namibia.

Faktisch inexistent — Nachdem 1994 der Treuhandstatus Palaus aufgehoben wurde, hat der Treuhandrat auf unbestimmte Zeit seine Tätigkeit eingestellt.

MENSCHENRECHTE

Der Regelungsbereich des Völkerrechts erfasst nicht nur die Beziehungen der Völkerrechtssubjekte zueinander, sondern auch die innerstaatlichen Beziehungen der Völkerrechtssubjekte zu den Individuen oder Menschengruppen, die ihrem Machtbereich unterliegen. Das moderne System des ausdifferenzierten Menschenrechtsschutzes entwickelte sich historisch aus völkerrechtlichen Bestimmungen zum Schutz des Individuums durch das humanitäre Völkerrecht, das Fremdenrecht und die Regelungen des Minderheitenschutzes. Zu Beginn des 20. Jahrhunderts wurden erste Menschenrechtsverträge, die sich gegen den Frauen- und Kinderhandel und die Sklaverei richteten, abgeschlossen. Nach den leidvollen Erfahrungen des Zweiten Weltkriegs erhöhten sich die Anstrengungen und die Bereitschaft der Staatengemeinschaft den Menschenrechten Geltung zu verschaffen. Ein Meilenstein des Menschenrechtsschutzes stellt die **Allgemeine Erklärung der Menschenrechte** der Generalversammlung der Vereinten Nationen vom 10. Dezember 1948 dar. Seitdem wurden zahlreiche universelle und regionale Menschenrechtsverträge ratifiziert und ein ausdifferenziertes System des Menschenrechtsschutzes geschaffen.

Historischer Hintergrund

Allgemeine Erklärung der Menschenrechte

Großen Einfluss haben die Menschenrechtsgarantien auch auf das nationale Verfassungsrecht. Viele Verfassungen bekennen sich zu den Menschenrechten und räumen diesen sogar Verfassungsrang ein.

BEISPIEL: Art. 1 I GG.

Defizite des Menschenrechtsschutzes bestehen derzeit in der effektiven Überwachung der Einhaltung der Menschenrechte in Autokratien und in bewaffneten Konflikten. Hierbei besteht ein Spannungsverhältnis zwischen der Durchsetzung der Menschenrechte und der Gebietshoheit der Staaten. Wegen des Grundsatzes der souveränen Gleichheit der Staaten kann hier nur auf diplomatischem Weg auf die Staaten eingewirkt werden.

Defizite

1. Teil – Die drei Generationen von Menschenrechten

Keine normative Hierarchie

Die Menschenrechte lassen sich in drei Generationen unterteilen, wobei mit dieser Klassifizierung keine normative Hierarchie einhergeht und die verschiedenen Generationen der Menschenrechte Verflechtungen untereinander aufweisen.

1. Generation

Die erste Generation der Menschenrechte stellen die klassischen liberalen Freiheits-, Lebens- und Gleichheitsrechte dar, wie Sie etwa in der *Völkermordkonvention* von 1948, der *Europäischen Menschenrechtskonvention* von 1950 und dem *Internationalen Pakt über bürgerliche und politische Rechte* (IPBPR) von 1966 niedergelegt sind.

> **BEISPIELE:** Klassische Abwehrrechte sind etwa der Schutz der persönlichen Freiheit und des Lebens vor dem Staat. Aus den klassischen Abwehrrechten werden auch im Völkerrecht zunehmend Gewährleistungspflichten durch den Staat interpretiert. Diese „duale Struktur" wird etwa in Art. 2 II des IPBPR deutlich, wonach die Vertragsstaaten die erforderlichen Schritte unternehmen, um den im Pakt anerkannten Rechten Wirksamkeit zu verleihen.

2. Generation

Der zweiten Generation der Menschenrechte gehören wirtschaftliche und soziale Gewährleistungsrechte.

> **BEISPIELE:** Recht auf Arbeit, Recht auf Bildung. Diese sind beispielsweise im Internationalen Pakt über wirtschaftliche, soziale und kulturelle Rechte von 1966 verbürgt.

3. Generation

Die dritte Generation von Menschenrechten wurde seit den 1970er Jahren vor allem von Entwicklungsländern propagiert. Sie umfasst kollektive Rechte, wie sie etwa die *Afrikanische Charta der Menschenrechte und Rechte der Völker* von 1981 enthält.

> **BEISPIEL:** Recht auf Entwicklung.

Bedenken

Gegenüber der Anerkennung dieser Gruppenrechte bestehen in der Völkerrechtslehre Bedenken. Denn die Bestimmung des persönlichen und sachlichen Schutz- bzw. Gewährleistungsbereichs dieser Rechte fällt schwer. Ebenso ist unklar, ob sie sich gegen den eigenen Staat oder etwa die Industriestaaten richten.

> **MERKSATZ**
> Es gibt **drei Generationen** von Menschenrechten:
> **Erste Generation**: Freiheits-, Lebens- und Gleichheitsrechte sowie staatliche Gewährleistungspflichten.
> **Zweite Generation**: Wirtschaftliche und soziale Gewährleistungsrechte.
> **Dritte Generation**: Kollektive Rechte (umstritten).

2. Teil – Mechanismen zur Überwachung der Menschenrechte

Die Überwachung der Einhaltung völkervertraglich gewährleisteter Menschenrechte obliegt grundsätzlich den Vertragsparteien. Allerdings erweist sich diese Art der Überwachung als „zahnloser Tiger", da Staaten oft davor zurückschrecken ihre guten Beziehungen zu anderen Staaten zum Wohle der Menschenrechte zu riskieren. Gegenmaßnahmen wie die spiegelbildliche Nichtanwendung des jeweiligen Menschenrechtsvertrags als Reaktion auf einzelne Menschenrechtsverstöße sind weder ein geeignetes Druckmittel noch im Interesse des Menschenrechtsschutzes. Diese Defizite wurden bei der EMRK und der Amerikanischen Menschenrechtskonvention (AMRK) durch die Schaffung eines Gerichts mit verbindlicher Entscheidungskompetenz für Staaten und Individualbeschwerden beseitigt.

Problem: Durchsetzung

EMRK und AMRK: Eigenes Gericht

Andere Menschenrechtsverträge sehen weniger einschneidende Überwachungsmaßnahmen vor, die zudem oft von einer gesonderten Unterwerfungserklärung des Vertragsstaats abhängen.

BEISPIEL: Der IPBPR sieht die jährliche Prüfung von Länderberichten (Art. 40 IV) durch einen unabhängigen Expertenausschuss und die Staaten- (Art. 41 I) und Individualbeschwerde nach dem ersten Fakultativprotokoll an diesen Ausschuss vor. Der Ausschuss sorgt mit seinen allgemeinen Bemerkungen (general comments nach Art. 50 IV) für eine einheitliche Auslegung des Pakts.

Außerhalb des vertraglichen Regimes der einzelnen Menschenrechtsverträge wurden von der Generalversammlung zwei Mechanismen zur Überwachung der Menschenrechte geschaffen. So prüft der

UN-Menschenrechtsrat: Empfehlungen und periodische Überprüfung

UN-Menschenrechtsrat Mitteilungen über schwere Menschenrechtsverletzungen und gibt ggf. Empfehlungen ab. Auch kontrolliert der Menschenrechtsrat die Einhaltung der Menschenrechte in den Mitgliedstaaten der UN durch das Instrument der „Universellen Periodischen Überprüfung" im vierjährigen Rhythmus. Grundlage dieser Überprüfung sind die Staatenberichte der Mitgliedstaaten, eine Länderdokumentation des Hochkommissars für Menschenrechte sowie Berichte aus der Zivilgesellschaft (wie von Amnesty International).

UN-Hochkommissariat für Menschenrechte

Neben dem UN-Menschenrechtsrat ist das Hochkommissariat für Menschenrechte der UN mit dem Schutz der Menschenrechte betraut.

3. Teil – Universelle Menschenrechtsverträge

Einige Menschenrechtsverträge haben innerhalb der Staatengemeinschaft eine so große Akzeptanz erzielt, dass man sie als universelle Menschenrechtsverträge bezeichnet.

BEISPIELE: Die Völkermordkonvention von 1948, die UN-Konvention zur Beseitigung jeder Form von Rassendiskriminierung von 1966, die beiden UN-Menschenrechtspakte von 1966, das UN-Übereinkommen zur Beseitigung jeder Form der Diskriminierung der Frau von 1979, das UN-Übereinkommen gegen Folter und andere grausame und unmenschliche oder erniedrigende Behandlung oder Strafe von 1984, das UN-Übereinkommen über die Rechte des Kindes von 1989 einschließlich des Fakultativprotokolls betreffend Kinderhandel, Kinderprostitution und Kinderpornographie von 2000.

Auch einige Übereinkommen der Internationalen Arbeitsorganisation (ILO) haben universellen Charakter.

BEISPIELE: Das Übereinkommen Nr. 29 über die Zwangs- und Pflichtarbeit oder das Übereinkommen Nr. 100 über die Gleichheit des Entgelts männlicher und weiblicher Arbeitskräfte für gleichwertige Arbeit.

4. Teil – Regionale Menschenrechtsverträge

Die Bedeutung regionaler Menschenrechtsabkommen hat seit der zweiten Hälfte des 20. Jahrhunderts stetig zugenommen. Vorreiter des regionalen Menschenrechtsschutzes ist die *Europäische Konvention zum Schutze der Menschenrechte und Grundfreiheiten* von 1950 (EMRK). Sie gilt als erfolgreiches und wirksames Instrument des Menschenrechtsschutzes in Europa und diente daher als Vorbild für andere regionale Menschenrechtsverträge. Einen Meilenstein in der Geschichte des Menschenrechtsschutzes stellt die Individualbeschwerde gegen den eigenen Staat nach Art. 34 S. 1 EMRK beim Europäischen Gerichtshof für Menschenrechte (EGMR) in Straßburg dar. Der Erfolg regionaler Menschenrechtsverträge beim Schutz der Menschenrechte lässt sich mit der größeren Bereitschaft zu Einschnitten in die Souveränität der Vertragsstaaten angesichts der größeren Wertehomogenität der Vertragsparteien erklären. Weiterhin verfügen die Mitgliedstaaten der EMRK - im internationalen Vergleich - aufgrund ihrer politischen Stabilität und materieller Ressourcen über ein relativ positives Umfeld für die Achtung der Menschenrechte.

Vorreiter: EMRK

Individualbeschwerde, Art. 34 S, 1 EMRK

A. Die Europäische Menschenrechtskonvention

Der EMRK gehören die Mitgliedstaaten des Europarats an (sog. **Konventionsstaaten**, vgl. Art. 59 I EMRK), welcher auch das Forum für die Verhandlungen über die EMRK und ihre Zusatzprotokolle bot. Sie spielt in der Rechtspraxis der Vertragsstaaten eine zunehmend wichtige Rolle. Der EGMR hat in der Vergangenheit viele einschneidende Urteile gefällt und schreckte auch nicht davor zurück, jahrelang praktizierte Regelungen der Vertragsstaaten für konventionswidrig zu erklären.

Europarat Mitgliedstaaten = Konventionsstaaten

BEISPIEL: Der EGMR urteile, dass die von Deutschland bis 2009 praktizierte Regelung der nachträglichen Sicherheitsverwahrung gegen das Recht auf Freiheit aus Art. 5 I EMRK und gegen den Grundsatz „Keine Strafe ohne Gesetz" aus Art. 7 I EMRK verstoße (EGMR, Urteil vom 17.12.2009, Nr. 19359/04.

Seit Inkrafttreten des Vertrags von Lissabon am 01.12.2009 ist in Art. 6 II EUV der Beitritt der Europäischen Union zur EMRK vorgesehen. Aufgrund von Uneinigkeit bezüglich der zukünftigen Zuständigkeitsabgrenzung des EGMR und des Europäischen Gerichtshofs ist dies bislang jedoch nicht geschehen. Nach Art. 6 III EUV sind die Grundrechte der EMRK allerdings als allgemeine Rechtsgrundsätze Teil des Unionsrechts.

EMRK und EU

I. GEWÄHRLEISTUNGEN DER EMRK

Systematik der EMRK

Die EMRK gewährleistet in den Art. 2 bis 13 EMRK eine Reihe elementarer Freiheits- und Verfahrensrechte. Art. 14 EMRK enthält ein Diskriminierungsverbot bei Inanspruchnahme der Konventionsrechte. Im 2. Abschnitt der EMRK wird in den Art. 19 bis Art. 51 EMRK das Verfahren vor dem EGMR geregelt.

Wichtig: 1., 6. und 13. Zusatzprotokoll

Bislang wurden 16 weitere Zusatzprotokolle zur EMRK erarbeitet, von denen sechs neue materiell-rechtliche Rechte enthalten oder bislang verbürgte Gewährleistungen erweitern. Diese Zusatzprotokolle können von einer unterschiedlichen Anzahl von Vertragsstaaten ratifiziert werden. Von großer Bedeutung ist das 1. Zusatzprotokoll, welches den Schutz des Eigentums, das Recht auf Bildung und das Recht auf freie Wahlen gewährleistet. Durch das 6. Zusatzprotokoll wurde die Todesstrafe zunächst mit Ausnahmen für den Kriegsfall verboten, bis es durch das 13. Zusatzprotokoll zu einer umfassenden Ächtung der Todesstrafe kam.

Mit dem 11. Zusatzprotokoll wurde die Möglichkeit der Individualbeschwerde eingeführt.

II. DAS VERFAHREN VOR DEM EGMR

Staatenbeschwerde, Art. 33 EMRK

Im Wege der Staatenbeschwerde nach Art. 33 EMRK kann ein Staat einen Konventionsverstoß eines anderen Staates vor dem EGMR überprüfen lassen.

Individualbeschwerde, Art. 34 EMRK

Nach Art. 34 S. 1 EMRK kann jede natürliche Person, nichtstaatliche Organisation oder Personengruppe den EGMR mit einer Individualbeschwerde wegen einer Verletzung der Konventionsrechte befassen. Die Möglichkeit für Individuen auf völkerrechtlicher Ebene selbst gegen den eigenen Staat Rechtsschutz zu ersuchen, stellt eine große Errungenschaft in der Geschichte der Menschenrechte dar, da die Vertragsstaaten im Interesse der Menschenrechte einen gravierenden Eingriff in ihre Souveränität akzeptierten.

Durchsetzung der Entscheidungen

Über eigene Durchsetzungsmechanismen verfügt der EGMR nicht, allerdings sind die Vertragsparteien gem. Art. 46 I EMRK verpflichtet, in allen Rechtssachen, in denen sie Partei sind, das endgültige Urteil des Gerichtshofs zu befolgen. Zudem kann der EGMR der verletzten Partei gem. Art. 41 EMRK materiellen und immateriellen Schadensersatz zusprechen.

Das Bundesverfassungsgericht legt diese Vorschrift weit aus, sodass alle staatlichen Organe in Deutschland die Rechtsprechung des EGMR beachten müssen, selbst wenn Deutschland nicht Partei der Rechtssache war. Die Berücksichtigung der EMRK und der Judikatur des EGMR folgt aus Art. 20 III GG (Bindung an Recht und Gesetz). Sie muss allerdings nur im Rahmen der methodisch vertretbaren Gesetzesauslegung erfolgen. Ist demnach der Wortlaut einer deutschen Vorschrift nicht auslegungsfähig, sondern eindeutig, kann die EMRK den Wortlaut der Norm nicht ändern (s. dazu oben 3. Kapitel, A., I.).

Auswirkungen in Deutschland

Im Gutachtenverfahren nach Art. 47 EMRK erstattet der Gerichtshof auf Antrag des Ministerkomitees des Europarats Gutachten über Rechtsfragen, welche die Auslegung der EMRK und der Protokolle betreffen. Aufgrund der weitgehenden Einschränkung des Art. 47 II EMRK ist das Gutachtenverfahren bislang bedeutungslos geblieben.

Gutachtenverfahren, Art. 47 EMRK

III. DIE INDIVIDUALBESCHWERDE

PRÜFUNGSSCHEMA

1. Zulässigkeit der Beschwerde
  a) Zuständigkeit des EGMR
    aa) Zeitliche Zuständigkeit (ratione temporis)
    bb) Örtliche Zuständigkeit (ratione loci)
  b) Partei- und Prozessfähigkeit (ratione personae)
  c) Beschwerdegegenstand (ratione materiae)
  d) Beschwerdebefugnis (Opfereigenschaft)
  e) Rechtswegerschöpfung
  f) Beschwerdefrist
  g) Form
2. Begründetheit der Beschwerde
  a) Schutzbereich
  b) Eingriff
  c) Rechtfertigung des Eingriffs
    aa) Spezielle Schranken
    bb) Allgemeine Schranken
    cc) Immanente Schranken
    dd) Verhältnismäßigkeit

1. Zulässigkeit der Beschwerde

a) Zuständigkeit des EGMR

aa) Zeitliche Zuständigkeit (ratione temporis)

Art. 59 I, III EMRK

Die EMRK gilt gem. Art. 59 I EMRK nur für die Mitglieder des Europarats, welche die EMRK ratifiziert haben (sog. **Konventionsstaaten**). Sie gilt gem. Art. 59 III EMRK für jeden Unterzeichner ab dem Zeitpunkt der Hinterlegung der Ratifikationsurkunde, hat also keine rückwirkende Kraft. Folglich ist auch der EGMR erst ab diesem Zeitpunkt dafür zuständig, die Einhaltung der EMRK zu überwachen.

bb) Örtliche Zuständigkeit (ratione loci)

Art. 1 EMRK

Die örtliche Zuständigkeit ist aus Art. 1 EMRK abzuleiten. Danach werden die Konventionsstaaten durch die EMRK gebunden, wenn sie Hoheitsgewalt ausüben. Somit beschränkt sich der Geltungsbereich der EMRK und damit auch die örtliche Zuständigkeit des EGMR grundsätzlich auf das Territorium der Konventionsstaaten, weil sie dort Hoheitsgewalt ausüben. Erfasst sind aber auch diplomatische und konsularische Vertretungen, staatliche Schiffe und Flugzeuge außerhalb des eigenen Territoriums und ggf. Auslandseinsätze der Streitkräfte.

b) Partei- und Prozessfähigkeit (ratione personae)

Parteifähigkeit

Die Parteifähigkeit des Beschwerdeführers ist in Art. 34 EMRK geregelt. Danach sind insbesondere natürliche Personen parteifähig.

Der Beschwerdegegner muss ein Verpflichteter der EMRK sein. Das sind gem. Art. 1, 59 I EMRK die Konventionsstaaten.

Prozessfähigkeit

An die Prozessfähigkeit stellt die EMRK keine besonderen Anforderungen, sodass jeder zugelassen ist, der faktisch in der Lage ist, Prozesshandlungen vorzunehmen. Das kann auch ein Minderjähriger und u.U. ein Geschäftsunfähiger sein.

c) Beschwerdegegenstand (ratione materiae)

Zurechenbares Verhalten eines Konventionsstaates

Tauglicher Beschwerdegegenstand ist jeder Akt, der einem Verpflichteten der EMRK zurechenbar ist. Bzgl. der Konventionsstaaten umfasst dies alle Staatsgewalten (Legislative, Exekutive, Judikative) und alle Träger von Staatsgewalt (z.B. auch die Bundesländer und Gemeinden).

Auf die Rechtsform des Handelns (öffentlich-rechtlich oder privatrechtlich) kommt es nicht an. Zudem kann die Verletzung der EMRK auch in einem Dulden oder Unterlassen bestehen.

> **KLAUSURHINWEIS**
> Sollte fraglich sein, ob eine Maßnahme eines Verpflichteten der EMRK vorliegt, ist dies im Detail in der Begründetheit beim Prüfungspunkt "Eingriff" zu diskutieren. Hier ist es somit letztlich ausreichend, dass überhaupt ein staatliches Verhalten als tauglicher Beschwerdegegenstand in Betracht kommt.

d) Beschwerdebefugnis (Opfereigenschaft)
Gem. Art. 34 EMRK muss der Beschwerdeführer behaupten, durch einen Konventionsstaat in einem der Rechte aus der EMRK oder deren Protokollen (sog. **Zusatzprotokolle**) verletzt zu sein. Im Wesentlichen gelten die gleichen Anforderungen wie bei der Beschwerdebefugnis im Rahmen der Verfassungsbeschwerde. D.h. es muss die Möglichkeit bestehen, dass der Beschwerdeführer durch den Beschwerdegegenstand in einem seiner Rechte aus der EMRK oder den Zusatzprotokollen verletzt ist. Zudem muss er selbst, gegenwärtigen und unmittelbar betroffen sein. *(Vergleichbar mit Beschwerdebefugnis bei Verfassungsbeschwerde)*

Selbst betroffen ist der Beschwerdeführer, wenn er behauptet, in eigenen Rechten verletzt zu sein. *(Selbstbetroffenheit)*

Die gegenwärtige Betroffenheit besteht grds. auch dann noch, wenn die Beschwer nachträglich entfällt, der angegriffene Hoheitsakt sich also erledigt hat. Etwas anderes gilt nur, wenn der Konventionsstaat die Rechtsverletzung anerkannt und ggf. Entschädigung geleistet hat. *(Gegenwärtige Betroffenheit)*

Unmittelbar ist der Beschwerdeführer nur betroffen, wenn kein weiterer Vollzugsakt erforderlich ist, wie dies bei Gesetzen regelmäßig der Fall sein dürfte. *(Unmittelbare Betroffenheit)*

e) Rechtswegerschöpfung
Nach Art. 35 I EMRK müssen zunächst alle innerstaatlichen Rechtsbehelfe erschöpft werden, bevor eine zulässige Beschwerde zum EGMR erhoben werden kann. Dies ist Ausdruck der Subsidiarität der Individualbeschwerde. Es sollen zunächst die Mitgliedstaaten die Möglichkeit haben, Rechtsverletzungen selbst zu beheben. Zu den Rechtsbehelfen i.S.v. Art. 35 I EMRK gehört auch die Verfassungsbeschwerde, nicht aber ein Wiederaufnahmeverfahren. *(Subsidiarität der Individualbeschwerde)*

Rechtsbehelf muss effektiv sein

Allerdings müssen die Rechtsbehelfe zugänglich und wirksam sein. Es muss sich also um echte Abhilfemöglichkeiten handeln, bei denen realistische Erfolgsaussichten bestehen.

f) Beschwerdefrist

Die Beschwerdefrist ergibt sich aus Art. 35 I EMRK. Sie beginnt mit der Kenntnisnahme der endgültigen innerstaatlichen Entscheidung. Muss die Entscheidung zugestellt werden (z.B. gerichtliche Urteile), beginnt die Frist erst mit der Zustellung und nicht bereits mit der Verkündung.

g) Form

Die Beschwerde ist schriftlich zu erheben und vom Beschwerdeführer oder dessen Vertreter zu unterzeichnen. Sie muss nicht in einer der offiziellen Sprachen (Englisch oder Französisch), sondern kann auch in der Amtssprache des jeweiligen Konventionsstaates (bei Beschwerden aus Deutschland also in Deutsch) eingereicht werden.

Unzulässig sind in jedem Fall anonyme Beschwerden, Art. 35 II lit. a) EMRK.

> **KLAUSURHINWEIS**
> Weitere Zulässigkeitspunkte wie etwa der Einwand der entgegenstehenden Rechtskraft gem. Art. 35 II lit. b) EMRK sind nur zu erörtern, wenn es dafür konkrete Anhaltspunkte gibt.

2. Begründetheit der Beschwerde

Obersatz

Die Individualbeschwerde ist begründet, wenn der Beschwerdeführer in einem seiner Rechte aus der EMRK oder deren Zusatzprotokollen verletzt ist.

> **KLAUSURHINWEIS**
> Es ist zulässig, den Prüfungsaufbau der deutschen Grundrechte auch der Prüfung der Rechte aus der EMRK zugrunde zu legen. Daher wird nachfolgend für die Freiheitsrechte zwischen Schutzbereich, Eingriff und Rechtfertigung unterschieden. Bei den Gleichheitsrechten unterteilt sich die Prüfung hingegen in die Punkte „Ungleichbehandlung" und „Rechtfertigung". Nachfolgend wird der Aufbau der deutlich häufiger zu prüfenden Freiheitsrechte dargestellt.

a) Schutzbereich
Für die Definition der Schutzbereiche der Rechte aus der EMRK und den Zusatzprotokollen kann in der Klausur auf die Definitionen zurückgegriffen werden, die von den deutschen Grundrechten bekannt sind.

Verwendung der deutschen Grundrechtsdefinitionen

b) Eingriff
Anders als im deutschen Recht (**Stichworte**: Klassischer und moderner/ mittelbarer Eingriff) gibt es keine systematische Eingriffsdogmatik zur EMRK. Das Vorgehen des EGMR ist stattdessen kasuistisch. Letztlich wird die Beeinträchtigung aber eine gewisse Intensität aufweisen müssen, um als Eingriff gelten zu können.

Voraussetzung: Gewisse Intensität

BEISPIEL: Von Folter i.S.v. Art. 3 EMRK kann nur gesprochen werden, wenn ein gewisses Minimum an Schwere erreicht wird.

Der Eingriff kann auch in einem staatlichen Unterlassen bestehen, wenn eine Rechtspflicht zum Handeln besteht.

c) Rechtfertigung des Eingriffs
Der Eingriff ist gerechtfertigt, soweit er durch die Schranken der EMRK gedeckt ist.

Obersatz

aa) Spezielle Schranken
Für einzelne Konventionsrechte gibt es spezielle Schranken, z.B. Abs. 2 der Art. 8-11 EMRK, Art. 1 des 1. Zusatzprotokolls zur EMRK. Gemeinsam ist ihnen, dass eine Beeinträchtigung nur durch oder aufgrund eines Gesetzes zulässig ist. Mit Rücksicht auf den Common-Law-Rechtskreis ist jedoch ein Parlamentsgesetz nicht erforderlich, es soll vielmehr auch ungeschriebenes Recht ausreichen.

Ungeschriebenes Recht genügt

Weiterhin fordern die speziellen Schrankenregelungen, dass mit dem Eingriff bestimmte Zwecke verfolgt werden, vgl. auch Art. 18 EMRK. Es handelt sich quasi um qualifizierte Gesetzesvorbehalte.

bb) Allgemeine Schranken
Allgemeine Schrankenregelungen enthalten Art. 15-17 EMRK. In diesem Zusammenhang ist vor allem Art. 15 II EMRK zu beachten, der die sog. **notstandsfesten Rechte** der EMRK normiert. Abweichungen von Art. 3, 4 I, 7 EMRK sind danach in keinem Fall zulässig, d.h. hier gibt es keine

Beachte: Art. 15 II EMRK

Schranken, sodass jeder Eingriff automatisch zu einer Verletzung des Rechts führt. Daher ist in diesen Fällen besonders sorgfältig zu prüfen, ob überhaupt ein Eingriff vorliegt.

cc) Immanente Schranken

Sollten weder die speziellen noch die allgemeinen Schranken einschlägig sein, kommen wohl wie bei den deutschen Grundrechten immanente Schranken in Betracht. Das bedeutet, ein Eingriff in ein Konventionsrecht kann erfolgen, um Rechte Dritter zu schützen. Dabei handelt es sich aber um eine absolute Ausnahme, weil vorbehaltlos geschützte Rechte in der EMRK sehr selten sind. Zudem bleibt zu beachten, dass die Rechte aus Art. 3, 4 I, 7 EMRK wegen der Bestimmung des Art. 15 II EMRK auch nicht durch immanente Schranken begrenzt werden können.

Absolute Ausnahme

dd) Verhältnismäßigkeit

Gleichsam als Schranke-Schranke ist die Verhältnismäßigkeit der eingreifenden Maßnahme zu prüfen. Die Prüfung erfolgt wie im deutschen Recht, mithin liegt der Schwerpunkt der Prüfung im Rahmen der Angemessenheit. Für die Abwägung kommt es u.a. darauf an, wie wichtig das verfolgte Ziel ist, wie intensiv die Souveränität des jeweiligen Konventionsstaates berührt wird und ob es gemeineuropäische Standards gibt.

Allerdings ist die gerichtliche Kontrolldichte geringer als in Deutschland. Der EGMR räumt den Konventionsstaaten einen Beurteilungsspielraum (sog. **margin of appreciation**) ein.

Margin of appreciation

> **KLAUSURHINWEIS**
> Die Begriffe **„Beurteilungsspielraum"** und **„margin of appreciation"** sollten in einer Klausur unbedingt fallen.

B. Die Amerikanische Menschenrechtskonvention

Die Amerikanische Menschenrechtskonvention von 1969 (AMRK) trat 1978 in Kraft. Für die AMRK stand die EMRK Pate. Sie ähnelt ihr somit in ihrer Struktur, den verbürgten materiellen Rechten und den ehemaligen Überwachungsmechanismen bis zur Umgestaltung der EMRK durch das 11. Zusatzprotokoll. Diese bestehen aus dem Inter-Amerikanischen Gerichtshof für Menschenrechte (IAGMR) mit Sitz in San José und der Inter-Amerikanischen Kommission für Menschenrechte mit Sitz

Vorbild: EMRK

Gerichtshof und Menschenrechtskommission

in Washington. Letztere ist nicht nur für die Mitgliedstaaten der AMRK zuständig, sondern für alle Mitliedstaaten der Organisation Amerikanischer Staaten (OAS).

Die Fälle des IAGMR spielen – im Vergleich zum EGMR – in einem für die Menschenrechte wesentlich schwierigeren Umfeld. Dieser Herausforderung begegnete der IAGMR mit mutigen Entscheidungen.

BEISPIELE: Schon der erste Fall des Gerichtshofs beschäftigte sich mit systematischen Tötungen und dem Verschwindenlassen von Oppositionellen während der Militärdiktatur in Honduras Anfang der 1980er Jahre. Der IAGMR urteilte, dass es bei Straftaten unter Beteiligung des Staates und fehlender staatlicher Bereitschaft zur Aufklärung zu einer Verschiebung der Beweis- und Darlegungslast zulasten des Staats komme. Auch scheute der IAGMR im Interesse der Menschenrechte nicht vor schwerwiegenden Eingriffen in die Souveränität der Konventionsstaaten zurück: So hob er u.a. ein Strafurteil eines peruanischen Gerichts auf und erklärte Amnestiegesetze für ungültig.

C. Die Afrikanische Charta der Menschenrechte und Rechte der Völker

Die auch „Banjul-Charta" genannte *Afrikanische Charta der Menschenrechte und Rechte der Völker* von 1981 trat 1986 in Kraft. Bis auf Marokko und den Südsudan sind alle Staaten Afrikas der Charta beigetreten, sodass es sich um den regionalen Menschenrechtsvertrag mit den meisten Vertragsstaaten handelt. Eine Besonderheit der Banjul-Charta besteht in der Normierung zahlreicher Pflichten des Individuums (Art. 27-29) neben den klassischen Individualrechten (Art. 2-18). Die Pflichten des Individuums bestehen gegenüber der Familie, der Gesellschaft, dem Staat, anderen gesetzlich anerkannten Gemeinschaften, sowie der internationalen Gemeinschaft.

Banjul-Charta

Besonderheit: Pflichten des Individuums

BEISPIEL: Nach Art. 29 Nr. 6 Banjul-Charta trifft den Einzelnen die Pflicht unter vollem Einsatz der Kräfte und Fähigkeiten zu arbeiten und die im Interesse der Gesellschaft auferlegten Steuern zu bezahlen.

Weiterhin verbürgt die Banjul-Charta zahlreiche Menschenrechte der dritten Generation, d.h. Kollektivrechte (Art. 18-24).

Menschenrechte der 3. Generation

BEISPIEL: Art. 23 I der Banjul-Charta gewährleistet das Recht der Völker auf Frieden und Art. 24 der Banjul-Charta das Recht der Völker auf eine zufriedenstellende Umwelt.

Menschenrechtskommission und Gerichtshof

Die Zuständigkeit für Individualbeschwerden, die auch Nichtregierungsorganisationen einlegen können, lag ursprünglich allein bei der Afrikanischen Kommission für Menschenrechte und Rechte der Völker. Diese Aufgabe teilt sich die Kommission nunmehr mit dem Afrikanischen Gerichtshof für Menschenrechte, der durch ein Protokoll von 1998, welches 2004 in Kraft trat, geschaffen wurde. Er hat seinen Sitz in Arusha in Tansania und nahm 2006 seine Arbeit auf. Der Gerichtshof ist u.a. auch für die Verletzung anderer Menschenrechtsverträge zuständig. Das Protokoll zum Statut des neuen afrikanischen Gerichtshofs von 2008 sieht die Fusion des Afrikanischen Gerichtshofs für Menschenrechte mit dem Gerichtshof der Afrikanischen Union zum neuen *African Court of Justice and Human Rights* vor.

D. Die Arabische Charta der Menschenrechte

Konflikt: Menschenrechte und Scharia

Die Arabische Charta der Menschenrechte von 2004 wurde unter der Ägide der Arabischen Liga erarbeitet und trat 2004 in Kraft. Sie besteht aus einer Präambel und 53 Artikeln und ist von einem Konflikt zwischen modernen Menschenrechtsstandards und einer Berufung auf die Scharia geprägt.

BEISPIELE: Nach Art. 3 III der Charta sind Männer und Frauen gleich bzgl. Menschenwürde, Rechten und Pflichten im Rahmen „der positiven Diskriminierung der Frau durch die Scharia und anderer göttlicher Gesetze". Ein weiterer Kritikpunkt ist die – gegen Israel gerichtete – Gleichstellung von Rassismus und Zionismus in Art. 2 II der Charta.

Kein Gerichtshof

Einziges Kontrollinstrument ist der Arabische Menschenrechtsausschuss, der alle 3 Jahre Staatenberichte überprüft und Empfehlungen abgibt (Art. 48). Eine Individualbeschwerdemöglichkeit und einen Gerichtshof sieht die Charta nicht vor.

4. FALL: VICKY LEAKS IN NOT
Problemschwerpunkte: Eilrechtsschutz beim EGMR, drohende Todesstrafe bei Abschiebung, Recht auf Leben, Verbot der Folter

SACHVERHALT

Die Whistleblowerin Vicky Leaks (V) setzt sich durch die Enthüllung geheimer Dokumente auf ihrer Website für absolute Transparenz ein. Nachdem sie zahlreiche vertrauliche Botschaftsdepeschen der Weltmacht Bossy (B) auf ihrer Website veröffentlicht und daraufhin B in schwere außenpolitische Turbulenzen gerät, wird sie zu dessen Staatsfeind Nr. 1. B sinnt auf Rache und will der Whistleblowerin den Prozess machen. Ihr droht bei einer Verurteilung in B die Todesstrafe. Zum Tode Verurteilte warten in B durchschnittlich sechs bis acht Jahre in der Todeszelle auf die Hinrichtung.

Nach einer Odyssee durch mehrere Staaten flüchtet V in den europäischen Staat Marionetta (M) in der Hoffnung dort vorerst unterzukommen. Allerdings stimmt die Regierung von M dem Auslieferungsverlangen von B umgehend zu. Auch das oberste Gericht von M will die Auslieferung von V nicht vorläufig aussetzen. V wendet sich verzweifelt an den EGMR mit der schriftlichen Bitte die drohende Abschiebung zu verhindern.

Wird der EGRM die Auslieferung von V nach B vorläufig verhindern?

Bearbeitervermerk: B ist kein Vertragsstaat der EMRK. M hat die EMRK inklusive aller Zusatzprotokolle ratifiziert.

LÖSUNG

Der EGMR wird eine vorläufige Maßnahme erlassen, wenn der Antrag zulässig und begründet ist.

A. Zulässigkeit des Antrags auf Erlass einer vorläufigen Maßnahme

> **KLAUSURHINWEIS**
> Der Eilrechtsschutz wird auch beim EGMR im Wesentlichen so geprüft wie das Hauptsacheverfahren. Das Hauptsacheverfahren ist hier die Individualbeschwerde nach Art. 34 S. 1 EMRK.

I. ZUSTÄNDIGKEIT DES EGMR (RATIONE TEMPORIS, RATIONE LOCI)

Da M Vertragsstaat der EMRK ist und sich V derzeit im Hoheitsgebiet von M aufhält, ist der EGMR zeitlich und örtlich zuständig, vgl. Art. 1, 59 I EMRK.

II. PARTEI- UND PROZESSFÄHIGKEIT

Die Parteifähigkeit der Antragstellerin als natürliche Person folgt aus Art. 34 S. 1 EMRK, diejenige von M als Konventionsstaat aus Art. 1, 59 I EMRK. Die Parteien sind zudem prozessfähig.

> **KLAUSURHINWEIS**
> Wenn - wie hier - Prüfungspunkte in der Zulässigkeit unproblematisch sind, genügt es, sie mit einem knappen Ergebnissatz abzuhandeln.

III. STATTHAFTIGKEIT DES ANTRAGS (RATIONE MATERIAE)

> **KLAUSURHINWEIS**
> Hier weicht der Prüfungsaufbau vom Hauptsacheverfahren ab. Bei der Individualbeschwerde ist an dieser Stelle der Beschwerdegegenstand zu prüfen. Die Abweichung erklärt sich zum einen aus der unterschiedlichen Begrifflichkeit („Antrag" statt „Beschwerde"). Zum anderen zeigt sich sogleich, dass die EMRK selbst den hier gestellten Antrag gar nicht kennt.

Art. 39 Verfahrensordnung des EGMR

Der Antrag auf Erlass einer vorläufigen Maßnahme muss weiterhin statthaft sein. In der EMRK selbst werden einstweilige Anordnungen des EGMR zwar nicht geregelt, allerdings ermächtigt Art. 39 der Verfahrensordnung des EGMR den EGMR einstweilige Anordnungen zu treffen, um die Rechte und Interessen der Parteien bis zu einer Entscheidung über die im Hauptsacheverfahren zu erhebende Individualbeschwerde nach Art. 34 S. 1 EMRK zu wahren und zu schützen. Eine Entscheidung des EGMR über eine Individualbeschwerde würde zumindest mehrere Monate dauern, sodass ohne Erlass einer vorläufigen Maßnahme die Gefahr besteht, dass V an B ausgeliefert wird, bevor der EGMR über ihre Beschwerde entscheidet. Der Antrag von V auf Aussetzung der Auslieferung an B dient somit der Wahrung ihrer Konventionsrechte bis zu einer Entscheidung des EGMR über die Individualbeschwerde. Ihr Antrag ist somit statthaft.

Grundsatz des effektiven Rechtsschutzes

MERKSATZ
Die **Möglichkeit des Eilrechtsschutzes** vor dem EGMR ist Ausfluss des Beschwerderechts aus Art. 34 S.1 EMRK. Die Individualbeschwerde ist nur dann wirklich effektiv, wenn die Konventionsstaaten aufgrund der Verbindlichkeit der vorläufigen Maßnahmen das Beschwerderecht nicht durch die Schaffung vollendeter Tatsachen vereiteln können.

IV. ANTRAGSBEFUGNIS (OPFEREIGENSCHAFT)
Gem. Art. 34 S. 1 EMRK muss die Antragstellerin behaupten, durch einen Konventionsstaat in einem der Rechte aus der EMRK oder deren Protokollen (sog. **Zusatzprotokolle**) verletzt zu sein. Infolge der von M angeordneten Auslieferung droht der V in B ein Prozess, in dem sie mit der Todesstrafe rechnen muss, der vor ihrer Vollstreckung eine längere Haftzeit in der Todeszelle vorausgeht. Damit könnte gegen die Konventionsrechte der V aus Art. 2, 3 EMRK verstoßen. Da M die Auslieferung auch schon angeordnet hat und deren Rechtmäßigkeit vom obersten Gericht von M letztinstanzlich bestätigt wurde, ist V zudem selbst, gegenwärtig und unmittelbar betroffen. Somit ist V antragsbefugt.

Betroffene Rechte: Art. 2, 3 EMRK

KLAUSURHINWEIS
Wenn die eigene, gegenwärtige und unmittelbare Betroffenheit der Antragstellerin so unproblematisch ist wie hier, sollte sie in einer Klausur nur mit einem kurzen Ergebnissatz festgestellt werden.

V. RECHTSWEGERSCHÖPFUNG
Nach Art. 35 I EMRK müssen zunächst alle innerstaatlichen Rechtsbehelfe erschöpft werden, bevor eine zulässige Beschwerde zum EGMR erhoben werden kann. V hat den nationalen Rechtsweg erschöpft und insbesondere um vorläufigen Rechtsschutz nachgesucht. Der nationale Rechtsweg ist demnach erschöpft.

VI. ANTRAGSFRIST
Eine Antragsfrist existiert im vorläufigen Rechtsschutzverfahren nicht.

VII. FORM
Formfehler liegen nicht vor, insbesondere hat sich V - wie geboten - schriftlich an den EGMR gewandt.
Somit ist der Antrag der V zulässig.

B. Begründetheit des Antrags auf Erlass einer vorläufigen Maßnahme

Obersatz im Eilrechtsschutz

Der Antrag auf Erlass einer vorläufigen Maßnahme ist begründet, wenn bei Auslieferung der V nach B die reale Gefahr eines nicht wiedergutzumachenden besonders schweren Schadens besteht, der unmittelbar bevorsteht und nicht anders als durch Erlass der Maßnahme abgewendet werden kann.

I. GEFAHR EINES NICHT WIEDERGUTZUMACHENDEN BESONDERS SCHWEREN SCHADENS

Zunächst müsste bei einer Auslieferung der V nach B die Gefahr eines nicht wiedergutzumachenden besonders schweren Schadens bestehen.

1. Gefahr der Vollstreckung der Todesstrafe in B unter Verstoß gegen Art. 2 I 1 EMRK

V droht bei Auslieferung nach B die Verurteilung zur Todesstrafe. Die Gefahr der Vollstreckung der Todesstrafe in B könnte einen Verstoß gegen Art. 2 I 1 EMRK bedeuten.

a) Eingriff in den Schutzbereich

Schutzbereich
Eingriff

Die Todesstrafe beeinträchtigt das durch Art. 2 I 1 EMRK verbürgte Recht auf Leben. Indem M durch die Auslieferung an B die Vollstreckung der Todesstrafe erst ermöglicht, wirkt M an der Beeinträchtigung des Art. 2 I 1 EMRK mit. Da Art. 2 I 1 EMRK ferner ausdrücklich eine Schutzfunktion hat („wird gesetzlich geschützt"), spielt es auch keine Rolle, dass B kein Konventionsstaat ist. Vielmehr trifft M als Konventionsstaat die Schutzpflicht, Verstöße gegen Art. 2 I 1 EMRK in seinem Hoheitsgebiet zu verhindern bzw. solche Verstöße außerhalb seines Hoheitsgebiets nicht zu ermöglichen. Demnach liegt ein Eingriff in den Schutzbereich des Art. 2 I 1 EMRK durch M vor.

Schutzfunktion

> **KLAUSURHINWEIS**
> Da der Schutzbereich hier unproblematisch eröffnet ist, kann dieser Prüfungspunkt mit dem Prüfungspunkt „Eingriff" zusammengezogen werden. Beim Eingriff liegt auch der Schwerpunkt der rechtlichen Erörterung. Hier gilt es unbedingt zu erkennen, dass M nicht selbst die Todesstrafe anwendet, sondern dabei „nur" behilflich ist.

b) Rechtfertigung des Eingriffs

Der Eingriff ist gerechtfertigt, soweit er durch die Schranken der EMRK gedeckt ist. **Obersatz**

Grundsätzlich sieht Art. 2 I 2 EMRK ausdrücklich vor, dass die Todesstrafe vollstreckt werden darf, wenn sie gesetzlich vorgesehen ist und ein Gericht sie wegen eines entsprechenden Verbrechens verhängt. Allerdings wird die Todesstrafe durch Art. 1, 2 des 6. Zusatzprotokolls zur EMRK in Friedenszeiten und durch Art. 1 des 13. Zusatzprotokolls auch für Kriegszeiten insgesamt abgeschafft.

Grundsatz: Schranke in Art. 2 I 2 EMRK Aber: Schrankenloser Schutz durch 6. und 13. Zusatzprotokoll

Weiterhin könnte Art. 2 I 2 EMRK durch regionales Völkergewohnheitsrecht überlagert worden sein. Dafür müsste eine entsprechende Übung und opinio juris bestehen. Die EMRK trat kurz nach dem Zweiten Weltkrieg in Kraft. Seitdem wurde in allen Konventionsstaaten die Todesstrafe de facto nicht mehr vollstreckt, auch wenn nicht alle Konventionsstaaten das 6. und 13. Zusatzprotokoll ratifizierten. Eine entsprechende Übung der Konventionsstaaten lässt sich somit erkennen. Auch die Tatsache, dass von 47 Mitgliedstaaten des Europarats alle außer Russland das 6. Zusatzprotokoll und 44 Mitgliedstaaten das 13. Zusatzprotokoll ratifiziert haben, lässt auf eine entsprechende opinio juris schließen. Folglich wird Art. 2 I 2 der EMRK mittlerweile durch regionales Völkergewohnheitsrecht überlagert.

Zudem: Überlagerung durch Völkergewohnheitsrecht

Die Auslieferung nach B würde nur dann nicht gegen Art. 2 I 2 EMRK verstoßen, wenn B eine Erklärung an M abgeben würde, dass gegen V nach einer Auslieferung nicht die Todesstrafe verhängt wird. Eine solche Erklärung hat B jedoch nicht abgegeben.

Anders bei Verzichterklärung von B

Somit wäre bei einer Auslieferung nach B das Leben der V in Gefahr, sodass eine Auslieferung gegen die Schutzpflicht aus Art. 2 I 1 EMRK verstoßen würde. Ihr droht folglich ein nicht wiedergutzumachender besonders schwerer Schaden.

2. Gefahr der Vollstreckung der Todesstrafe in B unter Verstoß gegen Art. 3 EMRK

Fraglich ist, ob M durch die Mitwirkung an der drohenden Vollstreckung der Todesstrafe durch B zudem in das Konventionsrecht aus Art. 3 EMRK eingreift.

Da der Tod als solcher keine Folter ist und der Sachverhalt auch keine Anhaltspunkte dafür enthält, dass die Hinrichtung als Folter zu qualifizieren ist, kommt nur eine unmenschliche oder erniedrigende Behandlung i.S.v. Art. 3 EMRK in Betracht.

Keine Folter

Evtl. unmenschliche Behandlung

> **DEFINITION**
>
> Eine **unmenschliche Behandlung** beinhaltet auch immer eine erniedrigende Behandlung und liegt vor, wenn absichtlich schwere psychische oder physische Leiden verursacht werden, die in der bestimmten Situation ungerechtfertigt sind.

Unmenschliche Behandlung

Zwar werden bei der Vollstreckung der Todesstrafe nicht absichtlich schwere psychische oder physische Leiden verursacht. Es wird jedoch absichtlich der Tod einer Person herbeigeführt. Gegen eine pauschale Qualifikation der Todesstrafe als unmenschliche Behandlung i.S.d. EMRK spricht jedoch, dass die EMRK in Art. 2 I 2 EMRK diese Behandlung gesetzlich vorsieht und sie somit nach der EMRK nicht pauschal verboten ist. Es wäre widersprüchlich, in der Vollstreckung der Todesstrafe einen Verstoß gegen Art. 3 EMRK zu erblicken, obwohl Art. 2 I 2 EMRK diese Art der Bestrafung zulässt.

Art. 2 I 2 EMRK spricht gegen Verstoß gegen Art. 3 EMRK

Jedoch könnte auch hier die Überlagerung des Art. 2 I 2 EMRK durch regionales Völkergewohnheitsrecht zu einer anderen Bewertung führen. Da die Ratifikation des 6. Zusatzprotokolls jedoch nicht zwingend als Ausdruck der Rechtsüberzeugung der Staaten zu deuten ist, dass sie die Vollstreckung der Todesstrafe als unmenschliche Behandlung qualifizieren, fehlt es an der entsprechenden *opinio juris*. Die Überlagerung des Art. 2 I 2 EMRK durch regionales Völkergewohnheitsrecht spielt hier somit keine Rolle.

Überlagerung durch Völkergewohnheitsrecht?

Demnach fehlt es bereits am Eingriff in den Schutzbereich des Art. 3 EMRK.

> **KLAUSURHINWEIS**
>
> Die Ausführungen zum regionalen Völkergewohnheitsrecht können in einer Klausur vom Bearbeiter nicht erwartet werden, würden sich in der Bewertung also als Zusatzpunkt auswirken.

Folglich verstößt die Mitwirkung des M an der drohenden Vollstreckung der Todesstrafe nicht gegen Art. 3 EMRK.

3. Gefahr des „Todeszellensyndroms" unter Verstoß gegen Art. 3 EMRK

Ein Verstoß gegen Art. 3 EMRK könnte zudem aber in der voraussichtlich langen Zeitspanne von durchschnittlich sechs bis acht Jahren gesehen werden, die V nach einer möglichen Verurteilung zur Todesstrafe in der Todeszelle verbringen würde.

> **KLAUSURHINWEIS**
> Der Klausursachverhalt muss also - wie immer - ganz genau ausgewertet werden. Es ist zwischen der Vollstreckung der Todesstrafe und der Wartezeit in der Todeszelle zu differenzieren.

a) Eingriff in den Schutzbereich

Dieses jahrelange, quälende Warten auf den eigenen Tod unter extremer psychischer Anspannung (sog. **Todeszellensyndrom**) könnte eine unmenschliche Behandlung i.S.v. Art. 3 EMRK darstellen. Ob eine unmenschliche Behandlung i.S.v. Art. 3 EMRK gegeben ist, hängt von den Umständen des Einzelfalls ab. Wichtige Kriterien sind die Intensität und die Dauer der Beeinträchtigung. Hier liegen keine Angaben zu den Kriterien, wie dem Alter der V zum Tatzeitpunkt, der Rechtstaatlichkeit des erwarteten Strafverfahrens und den allgemeinen Haftbedingungen vor. Zwar ist für jeden „Todeskandidaten" eine gewisse Zeitspanne zwischen Verurteilung und Vollstreckung der Strafe hinzunehmen. Jedoch ist die extrem lange Dauer des quälenden Wartens auf den eigenen Tod von durchschnittlich sechs bis acht Jahren als unmenschliche Behandlung i.S.v. Art. 3 EMRK zu werten.

Unmenschliche Behandlung: Einzelfallwertung erforderlich

Mithin liegt ein Eingriff in den Schutzbereich des Art. 3 EMRK vor.

> **KLAUSURHINWEIS**
> Bei Art. 3 EMRK kann nur schwer zwischen „Schutzbereich" und „Eingriff" getrennt werden, weil die Norm nur Eingriffsmodalitäten schildert. Daher sollten die beiden Prüfungspunkte bei Art. 3 EMRK zusammen geprüft werden.

b) Rechtfertigung des Eingriffs

Der Eingriff ist gerechtfertigt, soweit er durch die Schranken der EMRK gedeckt ist.

Art. 3 EMRK selbst beinhaltet keine Schranke. Zwar gibt es in Art. 15-17 EMRK allgemeine Schrankenregelungen. Jedoch sieht Art. 15 II EMRK ausdrücklich vor, dass von Art. 3 EMRK in keinem Fall abgewichen werden darf. Es handelt sich daher bei Art. 3 EMRK um ein sog. **notstandsfestes Recht**. Aus diesem Grund kommt auch keine Einschränkung durch immanente Schranken in Betracht.

Keine spezielle Schranke Keine allg. Schranke Notstandsfestes Recht

Folglich scheidet eine Rechtfertigung des Eingriffs in Art. 3 EMRK aus.

> **KLAUSURHINWEIS**
> Bei den notstandsfesten Rechten ist wegen der fehlenden Rechtfertigungsmöglichkeit besonders sorgfältig zu prüfen, ob überhaupt ein Eingriff in den Schutzbereich vorliegt.

Daher verstößt die Mitwirkung des M an dem drohenden „Todeszellensyndrom" gegen Art. 3 EMRK.

Somit würde eine Auslieferung an B die Gefahr eines besonders schweren nicht wiedergutzumachen Schadens unter Verstoß gegen Art. 3 EMRK bergen.

II. UNMITTELBARES BEVORSTEHEN DES SCHADENS

Eilbedürftigkeit der Entscheidung

Weiterhin müssen die Schäden unmittelbar bevorstehen und nicht anders abgewendet werden können als durch Erlass einer vorläufigen Maßnahme. Sofern die V an B ausgeliefert wird, besteht für sie unmittelbar die Gefahr der oben bezeichneten besonders schweren Schäden. Dort unterliegt Sie nicht mehr der Hoheitsgewalt der Konventionsparteien nach Art. 1 EMRK, sodass der EGMR sie nur durch Aussetzung der Auslieferung nach B vor den Schäden bewahren kann.

Der Antrag ist folglich begründet.

C. Ergebnis

Der Antrag der V an den EGMR ist zulässig und begründet. Der EGMR wird die vorläufige Maßnahme erlassen und die Auslieferung aussetzen, bis er über die Beschwerde der V nach Art. 34 S. 1 EMRK entschieden hat oder die Regierung von B eine Garantie abgibt, dass gegen V nicht die Todesstrafe verhängt wird.

FALLENDE

HUMANITÄRES VÖLKERRECHT

Im Gegensatz zum **ius ad bellum**, das über die Zulässigkeit militärischer Zwangsmaßnahmen entscheidet, regelt das **ius in bello** die Zulässigkeit der Mittel und Methoden der Kriegsführung an sich. Das *ius in bello* verfolgt durch die Ächtung bestimmter Mittel und Methoden der Kriegsführung indirekt und den Schutz von Gefangenen, Verwundeten und Zivilisten direkt humanitäre Zwecke, weshalb dieses Rechtsgebiet humanitäres Völkerrecht genannt wird.

ius ad bellum

ius in bello

Das humanitäre Völkerrecht gilt für alle Konfliktparteien, unabhängig ob sie Aggressor, Verteidiger oder UN-Truppen sind. Es ist mit Beginn des bewaffneten internationalen Konflikts anwendbar. Auf eine Kriegserklärung kommt es nicht an. Vertragswerke des neueren humanitären Völkerrechts regeln auch innerstaatliche Konflikte, sog. **nicht-internationale Konflikte**.

Kriegserklärung unerheblich

Das humanitäre Völkerrecht wurde schon ab Mitte des 19. Jahrhunderts durch zahlreiche multilaterale Verträge kodifiziert. Auch wenn in dieser Zeit der Krieg noch als Fortsetzung der Politik mit anderen Mitteln galt, wurde schon damals der pragmatische Versuch unternommen unnötiges Leid auf dem Schlachtfeld zu vermeiden.

BEISPIELE: 1864 wurde die Erste Genfer Konvention „zur Verbesserung des Loses der Verwundeten der Heere im Felde" unterzeichnet. Die Petersburger Erklärung von 1868 ist der erste multilaterale völkerrechtliche Vertrag, der mit dem Verbot von bestimmten Sprenggeschossen, ein bestimmtes Mittel der Kriegsführung ächtete.

MERKSATZ
Das **humanitäre Völkerrecht** befasst sich mit den Mitteln und Methoden der Kriegsführung. Es gilt für alle Konfliktparteien und greift mit Beginn des bewaffneten Konflikts. Auf eine förmliche Kriegserklärung kommt es nicht an.

1. Teil – Die Haager Landkriegsordnung

Zum Großteil Völkergewohnheitsrecht

Einen Meilenstein in der Verrechtlichung des Krieges stellen die Haager Abkommen von 1899 und die Haager Landkriegsordnung (HLKO) von 1907 als Anlage zum 2. Haager Abkommen dar. Der IGH sieht die HLKO größtenteils als Völkergewohnheitsrecht an.

Näher zum Kombattant sogleich unten 3. Teil, A.

Zentrale Vorschriften des HLKO sind Art. 1 HLKO, der die Voraussetzungen für den Kombattantenstatus festlegt, und Art. 22 HLKO, der die Wahl der Mittel der Kriegsführung der Verhältnismäßigkeit unterwirft.

Martens`sche-Klausel

Als Auffangtatbestand für den Schutz von Zivilisten und Kombattanten fungiert die sog. **Martens'sche-Klausel** aus der Präambel der HLKO und Art. 1 II des 1. Zusatzprotokolls zur Genfer Konvention. Danach verbleiben Zivilisten und Kombattanten in nicht durch das humanitäre Völkerrecht geregelten Fällen unter dem Schutz und der Herrschaft der Grundsätze des Völkerrechts, die sich aus Gebräuchen, den Grundsätzen der Menschlichkeit und aus den Forderungen des öffentlichen Gewissens ergeben.

Als Reaktion auf den Einsatz von Giftgas während des Ersten Weltkriegs – der schon nach Art. 23 HLKO ein Kriegsverbrechen darstellte – wurde 1925 das Genfer Protokoll über das Verbot der Verwendung von erstickenden, giftigen oder ähnlichen Gasen sowie von bakteriologischen Mitteln im Krieg unterzeichnet.

Die HLKO ist auch heute noch von großer Relevanz.

BEISPIEL: Sie war etwa beim Gutachten des IGH zum israelischen Mauerbau in den besetzen Palästinensergebieten (2004) von entscheidender Bedeutung.

2. Teil – Die Genfer Konventionen

Völkergewohnheitsrecht

Unter dem Eindruck des Schreckens des Zweiten Weltkriegs setzte sich das Internationale Komitee vom Roten Kreuz erfolgreich für eine weitergehende Kodifizierung des humanitären Völkerrechts ein. Das Ergebnis bilden die vier Genfer Konventionen von 1949, die mittlerweile auch völkergewohnheitsrechtlich gelten.

Die 1. Genfer Konvention behandelt die Rechte der Verwundeten und Kranken des Heeres, die 2. Genfer Konvention die der Seestreitkräfte. Die 3. Genfer Konvention regelt die Behandlung von Kriegsgefangenen und die 4. Genfer Konvention den Schutz der Zivilbevölkerung in Kriegszeiten. Von großer Bedeutung sind auch die beiden Zusatzprotokolle von 1977, von denen sich das 2. Zusatzprotokoll auf den Schutz der Opfer nicht internationaler Konflikte bezieht.

Insgesamt 4 Konventionen

3. Teil – Bewaffnete internationale Konflikte

Die vier Genfer Konventionen von 1949 weisen einen gemeinsamen Art. 2 über die Anwendbarkeit der Abkommen auf. Danach unterliegen Auseinandersetzungen dem Regelwerk der Genfer Konventionen im Fall des erklärten Krieges, des bewaffneten Konflikts zwischen den Vertragsparteien, einer Besetzung des Gebiets einer Vertragspartei und sofern eine nicht durch die Abkommen gebundene Konfliktpartei die Bestimmungen annimmt oder anwendet.

Gemeinsamer Art. 2 der Konventionen

A. Der Begriff des Kombattanten
Ein zentraler Begriff des humanitären Völkerrechts ist der des Kombattanten aus Art. 1, 2 HLKO, Art. 4 der 3. Genfer Konvention und Art. 43 des 1. Zusatzprotokolls.

> **DEFINITION**
> Ein **Kombattant** erhält von einer hierarchisch über ihm stehenden, verantwortlichen Person Befehle, unterliegt einem internen Disziplinarsystem, trägt ein aus der Ferne erkennbares Abzeichen, führt die Waffen offen und beachtet seinerseits das humanitäre Völkerrecht.

Kombattant

Kombattanten dürfen einerseits als militärisches Ziel behandelt werden, andererseits steht ihnen die Befugnis zu militärischen Schädigungshandlungen zu. Sie können folglich nicht für ihre bloßen Kampfhandlungen bestraft werden. Vielmehr genießen sie mit dem Kriegsgefangenenstatus viele Privilegien des humanitären Völkerrechts. Die HLKO gewährt diesen Status nicht nur den regulären Streitkräften, sondern auch Milizen und Freiwilligen-Korps, die gewisse Voraussetzungen erfüllen.

Keine Bestrafung für Kampfhandlungen

Ausnahme: Kriegsverbrechen

Eine Ausnahme von der Straflosigkeit von Kampfhandlungen gilt jedoch für Kriegsverbrechen, die strafbar sind.

Kriegsverbrechen

> **DEFINITION**
> **Kriegsverbrechen** sind ausgewählte und schwere Verstöße gegen die Regeln des in internationalen und nicht-internationalen bewaffneten Konflikten anwendbaren Völkerrechts, deren Strafbarkeit sich unmittelbar aus dem Völkerrecht ergibt.

Die umfassendste Rechtsquelle bzgl. der Kriegsverbrechen ist das Römische Statut des Internationalen Strafgerichtshofs.

BEISPIELE: Kriegsverbrechen sind vorsätzliche Angriffe auf zivile Objekte, der Angriff auf unverteidigte Städte, die Tötung oder Verwundung eines wehrlosen Kombattanten, die Verwendung von Gas oder vergifteten Waffen.

Sonderfall eines Kombattanten

Die Bevölkerung, die spontan beim Herannahen gegnerischer Streitkräfte aus eigenem Antrieb zu den Waffen greift, muss gem. Art. 2 HLKO lediglich die Waffen offen tragen und das humanitäre Völkerrecht beachten, um den Kombattanten-Status zu erhalten.

B. Schutz der Zivilbevölkerung

Unterscheidung Zivilbevölkerung ←→ Kombattanten

Dem Schutz der Zivilbevölkerung dient der Grundsatz der Unterscheidung aus Art. 48 des 1. Zusatzprotokolls. Danach müssen die am Konflikt beteiligten Parteien jederzeit zwischen der Zivilbevölkerung und Kombattanten sowie zwischen zivilen Objekten und militärischen Zielen unterscheiden. Kriegshandlungen sind nur gegen militärische Ziele zu richten.

Zivilperson

> **DEFINITION**
> **Zivilperson** ist jede Person, die nicht Angehörige der Streitkräfte einer Konfliktpartei oder der kämpfenden Bevölkerung ist.

Kollateralschäden

Nach dem Proportionalitätsprinzip aus Art. 51 V lit. b) des 1. Zusatzprotokolls dürfen Kollateralschäden an der Zivilbevölkerung und zivilen Objekten nicht außer Verhältnis zum erwarteten konkreten und unmittelbaren militärischen Vorteil stehen.

Die Zivilbevölkerung ist gem. Art. 51 III des 1. Zusatzprotokolls nur geschützt, sofern und solange sie nicht unmittelbar an den Feindseligkeiten teilnimmt. Beteiligen sich Zivilpersonen an den Kampfhandlungen, verlieren sie den Status als Zivilpersonen und können als militärische Ziele behandelt werden. Auch erhalten Sie im Falle der Gefangennahme keinen Kriegsgefangenenstatus, sondern können für ihre Beteiligung an den Kampfhandlungen nach einem fairen Gerichtsverfahren bestraft werden. Dies führt zu der schwierigen Abgrenzungsfrage, für wie lange die sich an den Kampfhandlungen beteiligenden Zivilpersonen den Schutz des Status als Zivilpersonen verlieren? Die Behandlung als militärische Ziele auf die Ausführung der konkreten Kampfhandlung zu begrenzen, verspricht Rechtssicherheit durch ein klares Abgrenzungskriterium. Andererseits privilegiert es jedoch die Zivilisten, die sich nach kurzer und wiederholter Teilnahme an den Feinseligkeiten wieder unter andere Zivilisten mischen und so den Schutz des humanitären Völkerrechts missbrauchen.

Problem: Kämpfende Zivilisten

KLAUSURHINWEIS
In einer Klausur sind beide Ansichten mit dem genannten jeweiligen Argument vertretbar.

MERKSATZ
Kombattanten werden für Kampfhandlungen nicht bestraft mit Ausnahme von Kriegsverbrechen. Sie genießen zudem einen privilegierten Kriegsgefangenenstatus.

Gegenüber der Zivilbevölkerung dürfen keine Kriegshandlungen gerichtet werden. Möglich sind „nur" Kollateralschäden.

Kämpfende Zivilisten können hingegen Ziel von Kriegshandlungen sein. Sie genießen auch nicht den rechtlichen Schutz, den ein Kombattant erhält, können also für ihre Kampfhandlungen rechtlich belangt werden.

4. Teil – Bewaffnete nicht-internationale Konflikte

Einzige Vorschrift: Art. 3 der Genfer Konventionen

Der Großteil militärischer Gewalt spielt sich im Rahmen von Bürgerkriegen innerhalb der Grenzen eines Staats ab. Der gemeinsame Art. 3 der vier Genfer Konventionen ist die einzige Bestimmung in diesen Konventionen, die sich auf nicht-internationale Konflikte bezieht. Er definiert einen humanitären Mindeststandard für nicht-internationale Konflikte. Danach sind Zivilisten sowie verwundete, gefangengenommene oder sich ergebende Streitkräfte mit Menschlichkeit zu behandeln.

> **BEISPIELE:** Sie dürfen u.a. nicht getötet, gefoltert oder erniedrigend oder entwürdigend behandelt werden. Verwundete und Kranke sind medizinisch zu versorgen. Das Festnehmen von Geiseln und die Verurteilung oder Hinrichtung ohne rechtsstaatliches Urteil sind verboten.

Anwendungsvoraussetzungen

Der gemeinsame Art. 3 der Genfer Konventionen ist anwendbar, sofern die nichtstaatliche Konfliktpartei im Bürgerkrieg die effektive Kontrolle über einen Teil des Territoriums des Staats ausübt und ihrerseits das humanitäre Völkerrecht achtet.

Weiterer Anwendungsfall

Unterstützt ein weiterer Staat die Regierung eines Staats in einem Bürgerkrieg, so ist aufgrund des nicht-internationalen Charakters des Konflikts der gemeinsame Art. 3 der Genfer Konventionen anwendbar.

Als Reaktion auf die zunehmende Anzahl innerstaatlicher Konflikte im Zuge der Dekolonisierung wurde 1977 das 2. Zusatzprotokoll unterzeichnet. Es erweitert den Mindestschutz für von Bürgerkriegen betroffene Personen gegenüber dem Standard des gemeinsamen Art. 3. So verbietet Art. 14 des 2. Zusatzprotokolls die Zerstörung der für die Zivilbevölkerung lebenswichtigen Objekte, wie z.B. Trinkwasserversorgungsanlagen.

5. Teil – Anpassung des humanitären Völkerrechts an den „Krieg gegen den Terror"?

Das humanitäre Völkerrecht ist auf Konflikte zwischen Staaten bzw. auf innerstaatliche Konflikte zugeschnitten, bei denen die Eroberung und Kontrolle des Staatsgebiets ein Ziel der Konfliktparteien ist. Terrororganisationen operieren hingegen teilweise nicht von einem unter ihrer Kontrolle stehenden Territorium aus bzw. verüben ihre Terroranschläge im Ausland.

Terrororganisationen

BEISPIELE: Al-Quaida, sog. Islamischer Staat.

Ihr Vernichtungspotenzial ist mit dem klassischer Konfliktparteien durchaus vergleichbar, jedoch agieren sie oft aus der Zivilbevölkerung heraus, sodass über ihre Einordnung in die Kategorien des humanitären Völkerrechts lebhafter Streit besteht.

Problem:
Aktionen aus der Zivilbevölkerung

Die USA haben einige angebliche Al-Quaida Kämpfer als „illegale Kombattanten" eingestuft und ihnen sowohl den Status als Kriegsgefangene als auch den Schutz des gemeinsamen Art. 3 der Genfern Konventionen verwehrt. Viele dieser „illegalen Kombattanten" befinden sich seit Jahren in Guantanamo Bay - jenseits jeglicher rechtstaatlicher Grundsätze - in Haft. Diese Praxis rechtfertigten die USA mit dem Hinweis, dass diese als kämpfende Zivilbevölkerung ohne Kombattantenstatus ihrerseits gegen das humanitäre Völkerrecht verstoßen hätten. Diese neue Kategorie des „illegalen Kombattanten" ist in der Völkerrechtslehre auf breite Ablehnung gestoßen. Der Kampf gegen den Terror dürfe nicht zur Aushöhlung der Grundsätze, Mindeststandards und Kategorien des humanitären Völkerrechts führen. Auch nach Ansicht des US-Supreme Court genießen die Al-Quaida-Kämpfer den Schutz des gemeinsamen Art. 3 der Genfer Konventionen.

Status „illegaler Kombattant"?

MERKSATZ
Die Kategorie des **„illegalen Kombattanten"**, der weder den Schutz eines Kriegsgefangenen erhält noch durch Art. 3 der Genfer Konventionen geschützt wird, ist abzulehnen.

STICHWORTVERZEICHNIS

A

Afrikanische Charta der Menschenrechte und Rechte der Völker 141

Allgemeine Erklärung der Menschenrechte 129

Amerikanische Menschenrechtskonvention 140

Arabische Charta der Menschenrechte 142

E

Erga omnes 105

Europäische Menschenrechtskonvention (EMRK) 133

Gewährleistungen 134
Individualbeschwerde 135
Verfahren vor dem EGMR 134

F

Failed state 83

G

Gegenmaßnahmen 116
Repressalien 116
Retorsionen 116

Grundsätze des Völkerrechts
das Gewaltverbot 78
Androhung von Gewalt 82
Ausnahmen 84
der Gewaltbegriff 79
Schutzbereich 82
Interventionsverbot 95
Ius cogens/Verpflichtungen erga omnes 104
Selbstbestimmungsrecht der Völker 103
Souveräne Gleichheit der Staaten 76
Staatenimmunität 96
Diplomatische und konsularische Beziehungen 100
Durchbrechung 97

H

Humanitäre Intervention 93
Humanitäres Völkerrecht 151
bewaffnete internationale Konflikte 153
bewaffnete nicht-internationale Konflikte 156
Genfer Konventionen 152
Haager Landkriegsordnung 152

I

ILC-Artikel	**111**
Internationale Organisation	**18**
Hybride Verwaltungsformen	23
implied powers-Prinzip	20
non-governmental organisations = NGOs	23
Regime	24
relative Völkerrechtssubjektivität	20
supranationale Organisation	24
Ius cogens	**104**

K

Kombattant	**153**
„Krieg gegen den Terror"	**157**
Kriegsverbrechen	**154**

M

Maßnahmen nach Kapitel VII der UNC	**89**
Menschenrechte	**129**
Drei Generationen der Menschenrechte	130
Mechanismen zur Überwachung	131
regionale Menschenrechtsverträge	133
universelle Menschenrechtsverträge	132

Q

Quellen des Völkerrechts	
Allgemeine Rechtsgrundsätze	49
einseitige Rechtsakte	51
Entscheidungen internationaler Gerichte und Lehrmeinungen	50
Resolutionen der UN-Generalversammlung	52
Resolutionen des UN-Sicherheitsrates	52
soft law	51

R

Raum im Völkerrecht	
das Nichtstaatsgebiet	71
das Staatsgebiet	65
Rechtsquellen des Völkerrechts	**29**
Rettung eigener Staatsangehöriger im Ausland	**88**

S

Selbstbestimmungsrecht der Völker	**103**
Selbstverteidigung	**84**
Staat	
Anerkennung	7
„Drei-Elemente-Lehre"	2
Entstehung, Nachfolge oder Untergang	6
Gliedstaaten	13

Internationalisierung	14	Vertragsänderungen	38
Koimperium	14	Vertragsauslegung	39
Kolonie	13	**Völkerrechtsfähigkeit**	
Kondominium	14	„Partielle" Völkerrechts-	
Neutrale Staaten	12	subjektivität	2
Staatsgebiet	4	„Relative" Völkerrechts-	
Staatsgewalt	5	fähigkeit	1
Staatsvolk	2	**Völkerrechtssubjekte**	**1**
Staatenverantwortlichkeit	**111**	Aufständische und	
Höhere Gewalt	119	Befreiungsbewegungen	26
Normverstoß	115	Individuen	27
Rechtfertigung eines		Internationales Komitee des	
Normverstoßes	115	Roten Kreuzes (IKRK)	26
Rechtsfolgen	120	Malteser Orden	25
Staatsnotstand	119	Vatikan, Heiliger Stuhl,	
Voraussetzungen	113	Katholische Kirche	25
zurechenbares Verhalten	113	**Völkerrecht und**	
		nationales Recht	**54**

V

		Geltungsgrund und Geltungs-	
		rang des Völkerrechts	58
Vereinte Nationen (UN)	**121**	Kompetenzen beim Abschluss	
Generalsekretär	126	völkerrechtlicher Verträge	62
Generalversammlung	124	Verhältnis zwischen Völkerrecht	
Internationaler Gerichtshof	127	und innerstaatlichem Recht	56
Mitgliedschaft	122	Völkerrechtsfreundlichkeit	
Organe	123	des Grundgesetzes	54
Sicherheitsrat	125		
Ziele und Grundsätze	121		

Z

Völkergewohnheitsrecht	**46**		
Opinio juris/		**Zivilperson**	**154**
Rechtsüberzeugung	48		
Staatenpraxis oder			
Allgemeine Übung	46		
Völkerrechtlicher Vertrag	**29**		
Prüfung eines völker-			
rechtlichen Vertrags	30		